让孩子自然而然地学会阅读

自主阅读培养法

麦圈妈妈

— 著 —

中国水利水电出版社
www.waterpub.com.cn
·北京·

内 容 提 要

本书是一本让孩子爱上阅读、提升阅读能力与技巧的指导手册。作者在多年的认知研究和实践基础上，总结出了一套系统有效的培养孩子阅读能力的方法，从如何进行亲子共读、如何听故事、如何选择丰富多元的图书、如何引导孩子自主阅读、如何进行思辨阅读、如何有效输出等方面，用明确的手段解答孩子各年龄段遇到的问题，让孩子获得自己的阅读力，并在阅读中发展出良好的语言能力和认知能力。

图书在版编目（ＣＩＰ）数据

让孩子自然而然地学会阅读 ： 自主阅读培养法 / 麦圈妈妈著. -- 北京 ： 中国水利水电出版社，2022.5
ISBN 978-7-5226-0596-8

Ⅰ．①让… Ⅱ．①麦… Ⅲ．①阅读－能力培养－儿童教育－家庭教育 Ⅳ．①G792②G782

中国版本图书馆CIP数据核字(2022)第056551号

书　　　名	让孩子自然而然地学会阅读：自主阅读培养法 RANG HAIZI ZIRANERRAN DE XUEHUI YUEDU: ZIZHU YUEDU PEIYANGFA	
作　　　者	麦圈妈妈　著	
出版发行	中国水利水电出版社 （北京市海淀区玉渊潭南路1号D座　100038） 网址：www.waterpub.com.cn E-mail：sales@mwr.gov.cn 电话：（010）68545888（营销中心）	
经　　　售	北京科水图书销售有限公司 电话：（010）68545874、63202643 全国各地新华书店和相关出版物销售网点	
排　　　版	北京水利万物传媒有限公司	
印　　　刷	天津旭非印刷有限公司	
规　　　格	170mm×240mm　16开本　18印张　203千字	
版　　　次	2022年5月第1版　2022年5月第1次印刷	
定　　　价	49.80元	

遵循阅读的规律，让孩子自然而然地学会阅读

4年前的秋天，我在加拿大刚开始博士一年级的学习。一年级的任务非常重，每周除了上课，还要读文献、写文章、做各种小组讨论，每两周还要跟导师会面。我的导师是一位慈祥、做事严谨的德裔女士，她是一位良师，也是一位女性榜样。她在加拿大的一所英—德双语小学当了30年的教师，在50岁那年开始读博士，在52岁拿到博士学位，在56岁开始做博士生导师。

虽然我们的母语不同，平常我和她都是用英文沟通，但我和她有一个共同点：我们都对本民族儿童的语言发展有着非常浓厚的研究兴趣。当她问我的博士论文想要集中于哪个领域研究的时候，我毫不犹豫地跟她说，我想研究中国孩子的语言读写能力。

对儿童读写能力的兴趣，也许萌发于我儿时的生活体验。我们家里的大人都是教师：爷爷在大学教逻辑学，爸爸在大学教民法学，妈妈在中学教历史，两个姑姑分别是物理老师和地理老师。无论是在自己家、爷爷奶奶家，还是亲戚家，家里都有满书架的书，俯仰皆是。

后来我的妈妈工作调动，在师范大学的图书馆里工作，于是我就沉浸在了书籍的海洋。每天放学后，妈妈还没下班，我就走路去图书馆里找她。当她忙的时候，我一个人在偌大的书库里漫无目的地闲逛，抓到哪本书就读哪本。有一次我看《绿野仙踪》看到入迷，完全忘记了时间，妈妈找不到我，急得满图书馆跑。

我还记得奶奶的床底下有一个旧旧的木箱，里面全是奶奶的书。奶奶出生于20世纪20年代，是那个年代非常罕见的女大学生。她是学经济学的，却酷爱诗歌和小说。我二年级的时候就读完了她珍藏的旧版《射雕英雄传》，也跟着她一起背了上百首唐诗宋词。

后来，在我做儿童读写研究的时候，我也发现了这样的现象：一个孩子是否对语文和阅读热爱以及他的读写能力的强弱，肯定有很大一部分源自家庭的影响。简单来说：如果大人不看书，孩子很少有爱看书的；如果大人不重视语文读写，那么孩子的语文读写能力就不会很好。

因此，如果我们想让孩子自然而然地爱上阅读，首先就要在家中营造阅读的氛围，或者经常带孩子去书店和图书馆，让孩子接触不同种类的好书，这是我想讲的第一点。

但光有书还不够。家里有很多书的孩子非常多，但这些孩子的阅读能力实际上千差万别。可以说书籍的数量是一个重要的先决条件，但真正的阅读能力的培养还需要生活中的科学引导和一些简单明了的小技巧。这是我想讲的第二点。

这本书就是一本在生活中指导父母（包括感兴趣的老师）帮助孩子掌握自主阅读的指导手册。书中的内容均来自语言教育学界的前沿研究、我的博士学习研究和我在前两年给小孩子做读写课程大纲设计的实践。

按照6—12岁小朋友的认知和读写发展能力划分，本书总共分为三个大部分：准备篇、6—10岁阶段的基础篇和10—12岁阶段的精进篇。基础篇和精进篇分别对应小学1—4年级和小学5—6年级。

在这本书中，我会引导父母帮助孩子先设置好家庭的读写环境，这是孩子能够高效阅读写作的环境基础。之后，我会帮助父母了解在指导孩子时应了解的一些基础阅读知识，比如孩子在不同年龄段的整体读写特点。这是因为我们只有了解孩子，才能帮助孩子，这样才不至于病急乱投医。接着，我就会涉及最重要的两个方面：阅读能力和写作能力培养。这些章节的内容是全书的核心内容，也是我认为这个年龄段的孩子必须要掌握的内容。在掌握读写能力的基础上，我还会谈谈读写习惯的保持和培养。

不过我认为光有以上这些还不够。除了基本的听说读写之外，我们还应该让孩子掌握高级读写能力。简单来说，就是在读写的过程中，学会查找资料，进行逻辑思考判断，清晰表达观点，从而获得解决问题的能力。如今是一个人工智能的时代，信息技术发展日新月异。人类以什么抗衡人工智能？当然是以独立思考的能力抗衡。说上一代的语文能力和阅读能力可以停留在"背诵古诗""掌握××个排比句""一个月读了××本书"的要求上，如今我们不能再只以这样的标准要求孩子了。一个人真正的读写能力体现在他的独立思考和表达能力上面，尤其是书面表达能力。因此，这本书里的很多理念和方法，可能对大多数家长来说都是非常新鲜的。比如，我们会涉及以下的内容：

（1）鼓励孩子利用各种资源去查找资料和做出综述。

（2）面对不同的阅读材料，去做不同的阅读笔记。

（3）如何分析不同和相似的阅读材料，得出属于自己的观点。

（4）在新媒体时代如何进行读写。

我之所以觉得以上的内容非常重要，是因为我们的孩子目前非常缺乏这样的科学训练。我们的语文学习不应该只局限于"会写300字的记叙文和说明文"，或者可以"声情并茂地朗读课文"，真正的语文读写能力是要学会有理有据地表达自己，解决真正的问题，让母语成为我们的梯子，而不是束缚我们思想的流水线。

我还会给大家推荐一些我认为非常好的童书，供大家参考。在陪孩子读这些书的时候，聪明的爸爸妈妈一定可以用到本书的读写方法，让阅读更有趣、更有价值。

最后，我总结了每个阶段常出现的儿童读写问题。如果孩子有同样或类似的问题，你可以根据书中的办法有针对性地处理。

以上就是本书的基本框架结构。这本书不仅适合所有的父母阅读，而且适合老师阅读。它会帮助你理解孩子，成为具有成长型思维的父母和老师：大人对孩子的帮助是可以改进的，因为当你们打开这本书的时候，你们就已经开始努力了解孩子、帮助孩子了。这本书既有宏观的理念，又有具体的方法，相信你会喜欢。

从我和导师第一次交谈我的研究兴趣到现在，已经过去4年了。4年前，我萌发了对儿童读写力这个主题研究的兴趣。现在，我的博士论文已经快写完了，而我也在全世界最高水平的语言学顶会上向全世界的学者和专家展示了自己的研究。世界知名的学术出版社施普林格（Springer）也邀请我把研究写成一本专著。

　　作为一个家有二孩，每天忙碌于学业、家庭和工作的成年人，和4年前的自己相比，我的进步是显而易见的。而您家孩子的成长速度也一定很快——只要有肥沃的土壤、充分的雨水和清新的空气。

　　希望这本书成为孩子读写能力培养的土壤、雨水和空气！

麦圈妈妈

2022年4月3日 于加拿大卡尔加里大学教育学院

目录

基础篇

答疑篇

附　录

准备篇

第一章 | 为孩子营造良好的家庭读写环境

　　家庭读写环境对发展孩子的读写能力至关重要。好的环境让孩子注意力集中，使其能专心致志地阅读，激情焕发地创作；差的环境让孩子分心，无法专注于手边的读物。如果环境过于嘈杂，甚至会破坏孩子的专注力，让孩子在课堂上也无法集中精神，影响孩子在学校的学习效果。

　　当然，家里不需要安静得掉根针都能听见，但要温馨舒适，让孩子无论读还是写，都自然而然，让人与环境能融合在一起。

一、布置一个舒适的读写专区

（一）位置选择

无论您的家庭居住面积有多大，给孩子建立一个读写专区都是非常有必要的。在这个小区域里，孩子可以读一本喜欢的书，也可以随心所欲地画画、涂鸦、写字，可以说，这是专属于他们的小天地。

为孩子创设读写专区的第一步，就是在家中选择一个合适的地方。其实，并不需要多大的面积：如果家中够大，独立的房间可以；如果家里不是很大，卧室的一半也可以；如果家中面积较小，客厅的一角也完全够用。重要的不是大小，而是位置与布置。

选择读写区域的第一个原则就是要采光好。无论是阅读还是写字，都需要用到眼睛，因此最好选择采光好的地方，比如靠近窗户的地方。当然，如果家里实在没有采光好的地方，也可以选择一些没有光线的地方，但要保证给孩子配备光线明亮柔和的照明设备。

选择读写区域的第二个原则就是尽量不要有太多干扰。干扰可能来自方方面面，比如电视机的画面和声音，大人的说话声，小孩的哭喊笑闹，甚至茶几上的零食。因此，读写区域应该尽量远离厨房和吵闹的起居室。这时，有些读者可能要问了：前面不是说家中客厅的一角也可以作读写区域吗？

将客厅一角作为读写区域有这两种情况：第一，客厅的电视机不能在孩子读书写字的时候一直保持打开状态；第二个原则是客厅没有电视机。很多家庭因为无法单独辟出一块区域供孩子读写，所以干脆就不在客厅摆放电视机、茶几和沙发，而是专门做成了全家人的读写区域，这也是可以借鉴的。当然，如果家里有老人，或者家人有看电视的需求，大家就得互相妥协和尊重了（比如，孩子读书写字和老人看电视的时间尽量岔开）。

第三个原则是区域独立。这对6岁以上的孩子来说非常重要。区域独立的意思就是不要给孩子的读写区域附加其他的功能。比如，家里的餐桌、厨房岛台就不适合作孩子的读写区域。相互干扰是一个最主要的原因：当家人在吃饭的时候，孩子可能无法专心写作业；孩子可能会养成边做作业边手抓零食的习惯，非常不好；共用区域往往非常拥挤，孩子的文具也可能摆放不下，难免让其束手束脚；此外，区域共用也有一些安全问题，比如大孩子的读写区和小宝宝的玩具区就尽量不要在一起，大孩子常用的剪刀和文具对小宝宝来说是不安全因素。假如您家空间实在是比较小，那么也可以找一些空间收纳的方法，总能找出来一方小小的天地给孩子读书写字用。当然，假如您也经常读书写作，跟孩子一起共用读写区也是完全没问题的（在"桌椅选择"的部分笔者会对此进行详细介绍）。

总之，孩子虽然不需要"大"的地方，但他们读书写字的地方应该采光好、远离干扰，并且尽量独立出来。

（二）桌椅选择

读写区域找好以后，我们应该如何布置这个小小的天地呢？笔者在网络上找了很多影像资料，看了很多成功的布置案例，总结出以下几种方式，大家可以根据自己家的情况自选一种。

1. 超大型桌子

这种桌子跟家里的大餐桌很类似，桌面又长又宽，一般放在房间的中央，背后可以是书架也可以是收纳柜。这种桌子的优点是能放很多读写物品，家长和孩子没事就可以在桌子上写字、看书、画画，但对空间的大小要求比较高。笔者个人很喜欢这种多功能大桌，从孩子四五岁可以用到成年，而且家里如果有两三个孩子也能共用。

2. 普通儿童书桌

这种儿童书桌依据孩子的身高和特点打造，一般是木质，占地面积比较小。它没有特殊功能，一桌一椅加一个小空间，放在家里的大部分地方都可以。

3. 儿童专用学习桌

现在，很多家长都会把目光投向儿童智能学习桌。对于儿童智能学习桌是否有必要，很多专家也是见仁见智。目前，市面上儿童智能学习桌的品牌众多，价格不一，质量也参差不齐，但绝大多数智能学习桌以"可以让孩子姿势正确，保护脊椎和视力"为卖点。大家在入手学习桌的时候可以多方比较，也听听周围家长的建议。如果经济条件较好，可以购买价格和口碑都比较好的。

从另一方面说，国外的很多孩子并不使用智能学习桌，但他们的视力和姿势并未因"没有使用智能学习桌"变坏。因此，是否需要购买，大家可以自行决定。

（三）其他可以花心思的布置

儿童的读写专区不仅仅有桌椅而已，也包括了各种各样的布置。把读写专区布置得温馨舒适，会让孩子心情舒畅，更愿意花时间和心思去写写画画，也让孩子有一定的仪式感。

我们可以在读写专区放置一些好看、舒适的小沙发、小靠垫。如果孩子在书桌旁坐累了，可以随手拿一本书，坐在小沙发上读，或者趴在小垫子上随手画一幅画。读书写字未必要正襟危坐在书桌前，完全可以用其他姿势（前提是不要挡住光线）惬意地读书。

我们也可以在墙面上做一些好看的装饰。有的家长会在墙上钉一些小隔板，放一些好看的照片；或者贴一些美观的励志文字。

（四）如何选文具

没错，文具是读写专区的核心，也是联系"读—写"的纽带。笔者家有两个孩子：麦麦、圈圈（当下文同时提到他们两个时，合称他们为"麦、圈"）。比如，麦、圈读完一本书后，经常会有要画一幅画的冲动；笔者给他们读完一本绘本后，他们有时候会主动去摹写书中的文字和句子；有时，也许是前一天晚上外婆给他们读了一首诗，讲了一个成语，他们第二天就想要写下来、画下来。有一次，外婆给他们讲了"闻鸡起舞"这个成语故事，麦麦第二天一大早就拿出白纸和画笔，画了一个佩剑跳舞的小男孩和一只公鸡，旁边还有整齐可爱的四个字——"闻鸡起舞"。因此，我们给孩子准备文具要遵循两个原则。

1. 放在孩子唾手可得的地方

孩子都是天生的作家／画家，他们在一天之中经常会有"突然"想要写字或画画的需要。因此，我们应该尽量把文具放在孩子能随手拿到的地方，而不要让孩子向家长索要。

2. 文具材料要丰富多样

马克笔、水彩笔、油画棒、蜡笔、勾线笔、铅笔统统准备一些；素描纸、卡纸、手工纸等也多准备一些。笔者看到很多孩子在家的文具非常少，只有1支大人用的签字笔和零星的几支蜡笔，这其实不利于孩子写画。不同材料的文具会带给孩子完全不一样的书写感受，更能激发出他们的创作欲望。

上述说的纸笔是最基础的文具，除此之外，收纳工具、台灯、配件等，也是必备的。比如，笔的收纳需要笔筒、笔袋，纸的收纳需要文件袋、抽屉格挡，台灯可以保护孩子的眼睛，其他配件如书包挂袋、书写矫正器、电动桌面清洁器、书本支架等，大家都可以酌情考虑。

二、科学选择书架，分类摆放图书

下面，让我们把目光投向家庭中最重要的阅读设施——书架。

记得当初刚生了麦、圈，笔者就开始为他们选择绘本书架，现在常见的开放式绘本书架，在5年前还是很新鲜的。但那样的书架比较小，看上去也比较轻，如果家里书多，可能就需要买两个，或者配合其他的书架使用。麦、圈快6岁了，我们搬家4次，每一次我都会在社群和很多家长进行"书架布置"的交流。在看过上百个书架并使用过很多款书架之后，笔者总结出一些选择书架和图书摆放的心得。

（一）书架的选择

1. 旋转书架

旋转书架不占地方，放在角落就可以，容量也非常大。轻轻一转，后面的书就可以转过来，就像旋转调料盒一样，笔者非常喜欢！

2. 宜家格子单元

麦、圈的书架就是宜家的格子单元，一个4×4，一个2×4，这个格子非常好用，可以将图书按主题分别放入不同格子。如果觉得过深，后面可以放一些不常用的书，也可以像笔者一样，买纸书盒和塑料书盒整理。另外，如果要归类绘画纸，可以再买一个文件收纳盒，收纳各种绘画纸。这些都可在宜家买到。

3. 超大定制书架

如果家里有一整面空墙，可以布置这种大书架，非常漂亮，不仅仅具备收纳功能，还兼具展示功能。在网上搜"书架定制"即可。

4. 小型绘本书架

铁艺和木质小书架，很适合面积小的家庭，也适合在孩子卧室放一些随手要读的书。完全可以和大书架搭配起来用。

5. 推拉展示书架

带推拉展示柜的书架、玩具柜也是笔者的心头好，推拉展示既美观又实用！拥有了这款书架，真的恨不得天天给孩子读书。

6. 钢结构图书馆书架

没错！就是我们上学时候图书馆里的书架。无味、特别结实是它的特点。而且现在这种书架做得越来越漂亮。

如果家里书很多，直接采用图书馆书架就很好。

总之，这几种书架都是笔者个人觉得美观又实用的，基本上能满足不同家庭的不同需求。

（二）图书陈列方式

假如你家是3×3结构的普通儿童书架格，可以参考以下步骤对图书进行重新陈列。

（1）把书架清空。

（2）把书分为这样几大类：课本/参考书，绘本童书（分中、英文），分级读物书籍（分中、英文）。

（3）把课本/参考书按照科目整理好，分级读物按照中英文整理好。

绘本童书一般比较多，可以按照下面的方法陈列：一种是按照体裁，比如虚构的故事书分为一类，非虚构的知识类书籍分为一类；另一种是按照主题分类，比如恐龙主题的放在一起，地理主题的放在一起。当然，也可以按照出版社分类，可根据家里的书籍情况具体分类。

现在，我们可以把课本/参考书放在左边一列，把绘本童书放在中间一列，把分级读物放在右边一列。

书架最中间的那一排，依次放最常用的课本/参考书、最常读的绘本童书、最常看的分级读物。其他的书籍放在书架最上面和最下面那两排。这样特别方便孩子拿取，也可让你清晰地知道孩子目前的学习读书情况。过一段时间之后，可以把上排不常看的书换到中间这一排，这样就让书架"流动"了起来，给孩子增加新鲜感。

如果有从图书馆借阅的书，可以将其专门放在一个小书架上。

当然，上面的方法只是一个参考，不同的书架有不同的陈列方式，不同的孩子也有不同的阅读习惯，但无论何种陈列方式，核心要点有两个：第一，是分类摆放；第二，是让书架的书经常"流动"，否则忘记了读书架最下面的书，那也很可惜。

三、营造家庭读写的软环境

什么是软环境？通俗地说，就是大人在家中是否能起到引导孩子阅读习惯的作用，家中的书籍是否唾手可得，以及家中的读写资源是否足够丰富。

在跟同行交流和文献阅读中，笔者越来越发现，儿童的家庭语言环境是决定孩子阅读写作能力和入学后学业成绩的关键，比"智商""性别""动机"更加重要。语言环境中，特别重要的不仅仅是听说环境，更是读写环境。

那么，到底什么是"读写语言环境"呢？是家里有很多的书？还是父母的词汇量很丰富？是练习题很多？还是父母非常重视孩子识字？

其实，以上指标只部分反映了（虽然不很准确）孩子的家庭语言环境。

儿童的语言学习本身就是一个复杂的过程，因此，家庭语言环境的要素也就非常多了。那么，当孩子出生，我们应该做怎样的准备，才能给他们一个足够良好的家庭读写语言环境呢？

别着急，家长们请先来看看这套"家庭语言环境自测题"，看看自己能得多少分，答案"是"，得1分；答案"否"，得0分。（"我"指的是家长）

我的孩子有：

· 至少一本识字书。

· 游戏识字卡。

· 可以用来写字、画画的蜡笔和铅笔。

· 可以用来写字、画画的纸或本子。

· 至少一本儿童/童谣书。

· 至少10本绘本。

· 至少20本绘本。

· 至少50本绘本。

· 识字软件／app，并一周至少学习一次。

· 其他识字书本或资料。

我（或者其他家庭成员）可以做到：

· 每周至少跟孩子一起读一本绘本。

· 每周至少跟孩子一起读四本绘本。

· 每周都教孩子新词语。

· 几乎每天都教孩子新词语。

· 每周至少有一次跟孩子的深入思考与对话（比如，"你猜猜冰激凌是怎么做的？"）。

· 几乎每天都跟孩子有深入思考与对话。

·帮助孩子学习童谣。

·进行有趣的文字游戏（猜谜语、词语接龙等）。

·鼓励孩子用完整的句子说话，而不是用单独的词语。

·至少每两个月带孩子去一次图书馆或书店。

我的孩子看到：

·我在家阅读书、杂志等纸媒文字（不是手机阅读），至少每周一次。

·我在家阅读书、杂志等纸媒文字，几乎每天一次。

我自己：

·是一个很好的阅读者。

·有很丰富的词汇量。

·在孩子1岁前，就跟孩子一起读绘本。

·非常享受跟孩子一起读绘本。

·期待我的孩子会在学校里好好学习、发展，充分挖掘自己的潜力。

（过去或现在）我会帮助我的孩子：

·学习说或唱出简单的儿歌。

·读绘本时，找出学过的词。

·读绘本时，根据上下文猜出生词的意思，为阅读技巧打下基础。

·读绘本后，鼓励他们进行复述。

·读绘本后，进行一些简单的书面拓展活动（比如，给主角写一封简单的信、画一幅画）。

·写自己的名字。

·写亲戚朋友的名字。

·诵读朗朗上口的诗歌。

·进行简单的控笔训练。

·进行简单的写字练习。

得分结果：

0—10分：家庭读写环境较差，需要马上改变。

11—19分：家庭读写环境尚可，但仍然有不少改进的空间。

20—29分：家庭读写环境很不错，个别地方可以适当改善。

30—37分：家庭读写环境优秀，具备了几乎所有重要的要素。

以上这套题，参考自英文版"home literacy environment checklist"，这套自测题多年来作为比较权威的家庭读写环境测评文件，为很多家庭提供了帮助。由于这套题是以英语国家人群为对象的，笔者对中文版稍做了调整。

绝大多数的英语国家家庭，这套自测题的分数都在11—29分，处于中位水平。假如大家在测完这套题后，分数也落在这个区间，那是非常正常的。

这套题的意义在于让你知道应该如何改进。笔者建议大家把这套题做成表格打印出来，将没有做到的地方勾选出来，然后进行改进。

同时，营造软环境还有非常重要的一点：家长不要轻易主动干扰孩子。

"没有太多干扰的环境"不仅仅指的是周围环境，它还有另一个层面的意思：大人不要在孩子专注读书的时候打断孩子。在笔者做研究走访一些家庭（国内和海外）的时候，发现很多家长有一个不好的习惯：很喜欢在孩子专心写字或画画的时候打断他们。一个7岁的小女孩在周末正专心地读一本故事书，她的奶奶在5分钟内至少打断她三次："宝宝该喝水了！""冷不冷？要不要盖一条毛毯？""你中午想吃什么？"女孩最后无奈地说："奶奶，让我先读完好吗？不要老跟我说话。"

　　大人太多次"以为是好心"的干扰，会无形中破坏掉孩子的专注力，后果堪忧。其实，我们这个世界已经有太多的干扰，孩子的专注力是非常宝贵的。记得笔者五六岁的时候，最喜欢做的事情就是专心地听中央人民广播电台的《小喇叭》节目，看《小鹿斑比》这样的图画故事书，大人叫笔者名字的时候笔者完全听不见，经常要叫很多次才能听见，家里人都笑我："一读书就什么都听不见了。"其实他们根本没有什么重要的事，有的时候纯粹是为了看笔者"置若罔闻"的样子来"笑"笔者。现在回想起来，觉得大人这样做非常无聊：不但破坏孩子的天然注意力，还给孩子树立了不好的榜样。现在笔者做了妈妈，会再三告诫家里人不要干扰孩子画画、写作、读书、听故事，不要不停地跟他们说话或者打断他们，让他们去干一件无关紧要的事：除了紧要的事，其他事都可以等。对于孩子来说，家长的"不干涉、不打扰"就是最好的环境之一。

四、培养孩子的阅读礼仪

上小学之后，孩子的书会越来越多，也会经常去图书馆借阅书籍。因此，我们必须教会孩子一些合适的阅读礼仪。

（一）教孩子如何爱护书籍

告诉孩子洗干净手才能去读书，至少不要用脏兮兮的手指去翻书；翻书的时候，尽量轻一些，不要留下太多折痕；如果书没读完，学会用书签，而不是折书角；课本或者参考书上可以进行重点勾画，但是尽量不要画得太乱。笔者上小学的时候，老师都会让我们领到新书后给书包书皮，现在想起来仍觉得这是一个很好的习惯，特别是对经常使用课本的孩子来说。

（二）让孩子学会整理收纳

整理收纳不仅仅是父母的任务。随着孩子逐渐长大，他必须学会整理收纳自己的书籍。我们可以给孩子制定一些规矩，比如读完书必须放回原位，或者把不同题材的书籍分门别类放在不同的格子里。

除了每日的小整理，建议各位家长每隔一段时间（三个月或半年）就和孩子彻底整理一下家中所有的书籍。这样做的目的有：第一，了解孩子目前的阅读进度；第二，对有的已经不读的书籍，可以送人、卖掉或者放在整理箱里收起来，腾出书架空间；第三，调整书籍排放顺序，把一些读得不多的好书放在最显眼的地方，这样保证孩子可以充分利用家中的现有书籍。

（三）特别对待借阅的图书

无论是从图书馆借书还是从别人家里借书，都要特别对待。我们可以告诉孩子借书是有时限的，必须尽快读完，这样才可以按时还书；图书馆的书是绝对不可以乱写乱画的，也不能随意贴贴纸等。

五、随着孩子的长大，不断更新读写环境

我已经详细向大家讲解了如何给6—10岁的孩子布置家中的读写环境。那么，当孩子长到了10—12岁，家里的读写环境该如何进行更新换代呢？我们分学习专区、阅读专区、和家中藏书三个部分来讲。

（一）学习专区

1. 桌椅

从10岁开始，孩子的学习任务会逐渐加重，身高也会逐渐长高，很多孩子之前的书桌可能需要更新换代了。我们应该考虑给孩子置办更适合孩子身高的书桌，同时购买更多的学习用具。

假如你购买的是可调节的儿童桌椅，请一定要根据孩子的身高情况随时调整。假如没买专门的儿童智能学习桌椅，我建议用"普通/电动升降书桌+学习椅"来替代。普通的书桌无论是什么材质，一定要足够大，放得下孩子日益增多的书本；假如家里没有地方放太大的桌子，可以巧妙利用墙面或洞洞板，来摆放孩子常用的文具和书籍。

还有一种选择是电动升降桌，很多家具店都有售卖。这种电动升降桌不分年龄，谁都可以使用，非常方便。用的时候可以随时调整高度。有时孩子坐累了还可以调整成站立模式，站着看一会儿书也是很舒适的。

2. 文具

这个时期的孩子，已经不需要再用专门为低龄孩子设计的铅笔了。孩子专用的铅笔往往是很可爱的，短短的，粗粗的，适合孩子的小手抓握写字。但10岁孩子的手型大小已经很接近成人，因此可以换成普通的铅笔，或者使用钢笔写字了。

有的家长想问，孩子的写作变多之后，是否需要给孩子买修正液和修正带？这样是不是会"助长"孩子写字不认真的行为和态度呢？我个人认为可以给孩子购买修正用具，毕竟谁都不能保证自己每次写的字都是正确的。但实际上也要看老师的要求。如果老师对孩子作业中文字错误容忍度比较低（当然，也是出于对孩子态度认真的要求），那么就尽量不要在做作业时出现太多文字错误；如果老师没有太多要求，而且作业又比较多的话，确实可能需要修正工具来帮助孩子尽快完成，而不是错一个就要重写一整页。另外，如果孩子很爱写日记、书评，那么在孩子自己的私人日记中用修正液也是很正常的。总之，我们尽量鼓励孩子认真写字，不要完全依赖修正液；但也要有一定的容错率，在孩子出错时可以补救。

3. 环境

假如孩子从6岁开始，学习环境已经设置的非常好了（比如：宽敞明亮的独立学习区），那么从10岁开始，可能不需要什么调整。但如果10岁前，孩子和大人共用一张桌子，或者是在饭桌上学习，又或者周围有电视等让人分心的物品，那么是时候考虑给孩子布置一个相对独立的写作区域了。干净、明亮的独立学习区域会让孩子更加专注，有助于孩子养成良好的学习习惯，对自己的学习区域"负责"，产生正面的归属感。

当然，并不是每个人家里都有足够宽敞的地方供孩子独立学习，或者专门留一个房间给孩子学习（是的，很多家庭可能连孩子的独立卧室都没有），那么可以考虑用一些隔断和帘子给孩子营造一个尽可能独立的学习区。

总之，不需要跟其他家庭一样，但最好在自己的能力范围内，为孩子尽量营造一个好一些的环境。

（二）阅读专区

除了孩子的写作和学习环境之外，读书也是非常必要的部分。随着孩子阅读面的扩大，以前"低矮"的书架可能不够用了，小型书架也不够用了。我比较建议家长们尽量考虑给孩子做"一整面的书架墙"。

曾经我也误以为做整面的书架墙可能会比较麻烦，价格也会比较高，实际上的成本并不太高。假如你能淘到二手书架，并且自己安装的话，能省下很多钱给孩子买书。

书架墙除了功能齐全（全家的书都可以放进去），美观度也很高，建议大家考虑入手。

在书架前面，可以给孩子摆放学习桌、多功能画画桌，也可以随意摆放一个"阅读沙发"，让孩子更惬意地读书。

在家里有一个可以安静看书的空间，真的是这个浮躁社会最幸福的事了。

（三）家中藏书的更新换代

当孩子长到了10—12岁，低龄读物已经不适合这个年龄段的孩子了，家长可以开始考虑更深层次的青少年读物，以及部分合适的通用读物（大人和孩子都可以阅读的书籍）。

从孩子10岁开始，我们可以多给孩子买青少年读物。但这会产生一个问题，孩子小时候读过的低龄读物如何处理？其实渠道还是很多的：可二手卖掉，可以捐到贫困地区的学校，可以送给家有低龄孩子的朋友，也可以捐给或卖给二手书店。无论怎样，笔者都不建议大家当废品处理（除非品相太差），这样我们至少不让书籍被浪费掉。

家长们一定要注意的是，在处理孩子的书籍之前，要征求孩子的同意。千万不要随意处理孩子书籍。对孩子来说，他们对一些书是有感情的，如果孩子不愿意处理，也应该尊重孩子的想法。但同时也要要求孩子学会自己整理书籍和书架；或者把孩子暂时不想扔也不想看的书收下来，放进纸箱里。

第二章 | 培养孩子读写能力前家长的认知准备

大多父母希望自己的孩子能够养成良好的阅读习惯，但是面对孩子在读写时遇到的种种问题往往无从下手。只有更好地了解孩子的学习模式，了解孩子的认知特点，才能科学地指导孩子。本章介绍了父母在指导孩子读写前应有的认知准备，了解这些方法，能够更好地激发孩子的阅读兴趣，让孩子享受阅读，学会写作。

一、了解孩子的读写特点

（一）6—10岁孩子的读写特点

6—10岁是一个非常重要的年龄段。自6岁开始，几乎全世界的孩子都会进入正规的教育体系：要开始上小学了。这也意味着读写大大增加，但这种"增加"是建立在对孩子的整体读写认知特点的把握上的。从6岁开始直到10岁，孩子从小学1年级升至小学4年级，从小学"低"年级阶段升至小学"中"年级阶段。在这4年的时间内，孩子的读写能力发展飞快，为10岁之后的发展奠定了基础。那么，这个飞速发展的阶段有什么特点呢？

要指导孩子的读写发展，家长们必须了解以下这5个特点。

1. 具有一定的初步读写能力

6岁孩子的读写基础，既有差异，又有共性：可能有些孩子只认识简单的字和词汇，而有些孩子已经可以开始阅读简单的中文分级读物（如《迪士尼我会自己读》），还有一些孩子已经开始尝试独立阅读简单的初章书了。然而，对大多数刚刚成为小学生，或即将步入小学的6岁孩子来说，他们的读写基础共性大于差异。换句话说，除非一个孩子在6岁前没读过或很少读过绘本，否则，6岁的孩子大都具备一定的初步读写能力。初步读写能力大致包括以下几个构成要素：

（1）文字兴趣。

儿童开始对文字萌发出独特的兴趣，不仅对书上的文字，也对生活中的文字。比如，他们会主动询问绘本上的某个字是什么，会对路边商店的招牌、高速路的路牌等的文字产生好奇心。在所有有读写系统的民族和文明中，儿童都会对文字产生兴趣，而兴趣的萌发时间也差不多，大多在3—6岁开始。无论能认识多少字，他们都可以"假装"读一本书。

（2）文字意识。

他们能清楚地知道文字和图画的区别；有初步的"书籍概念"——知道一本书应该从封面开始打开，一页一页读；知道一句话由很多词构成；知道句子要从上往下，从左往右读；会开始尝试读出一个似曾相识的词，在文字的形象和发音之间建立联系。

（3）文字构架。

他们开始知道汉字是方块字，汉字有独特的构架；尝试写汉字的时候，也会模仿这种方块结构，虽然不一定写得准确。

（4）初步的语法句法能力。

他们会用一些形容词来描述名词；大概知道"词语"和"句子"的区别；学会一个新词之后，会在大人的鼓励下，尝试联系已有知识造句；理解一些简单的标点符号，如逗号、句号、感叹号。

（5）初步的书写能力。

很多孩子在画画的时候，会边写边画。他们会在图画上或白纸上写下自己的名字、尝试写以前学过的汉字，甚至尝试抄写最喜欢的绘本中的一句话。

儿童的这些初步读写能力，对未来4年的读写发展意义深远。

2.广泛涉猎的同时，开始对特定内容产生持续兴趣

在具备以上初步读写能力的同时，在6—10岁的这4年中，孩子既开始广泛涉猎，也开始初步发展自己的兴趣。

（1）孩子会广泛涉猎不同的阅读主题和科目。

从学校的语文学习内容来说，他们会阅读中外文学、小说、散文、诗歌、说明文、论述文、科普小短文；从学校的其他科目学习来说，他们还会通过阅读学习并理解数学题目、社会知识、科学概念，也开始学习英文（大多数学校从3年级开始）；从课外书目来说，天文地理、宇宙万物的篇章文字他们都会开始尝试阅读了解。特别是现在市面上有很多非常优秀的百科书籍，非常适合孩子开拓视野，涉猎丰富的主题。

（2）这一阶段的孩子也开始发展自己特定的阅读兴趣。

和6岁之前相比，他们的识字量有了质的飞跃，也掌握了初步的阅读技巧，因此更有能力开始独立阅读自己感兴趣的内容。由于他们开始了其他学科的学习，所以也会对其他学科的内容产生深入阅读的渴望。比如，有的孩子更喜欢恐龙知识，有的孩子更喜欢魔幻小说。喜欢恐龙知识的孩子，会阅读更多有关恐龙的内容，了解更多细节，他们关于这一细分领域的知识和阅读能力都会超出其他孩子。父母应该观察孩子的阅读兴趣，辅助孩子进行细分领域的拓展。

3. 输入输出同步发展

儿童的语言发展，主要集中在"听""说""读""写"四个领域。"听"与"读"是输入，"说"与"写"是输出。儿童的语言发展大致可以分为四个阶段。

（1）0—2岁的"听"：大量倾听与理解，但说话极少或较少。

（2）2—4岁的"说"：语言爆发期开始，依然需要听。

（3）4—6岁的尝试"读"和极少量的"写"：文字敏感期开始，也开始尝试写写画画。

（4）6—10岁的大量"读"和充分"写"：可以开始独立阅读，写作也同步发展。

在6—10岁的阶段，孩子们不仅仅是在输入（被动的阅读），也在同步大量输出（表达与写作）。从开始"有意识"和"无意识"地写字，之后过渡到写句、写段，甚至写出一篇文章。可以说，儿童的写作能力基础就是在这个阶段打下来的。与写作能力正相关的，是知识储备、思辨能力、分析能力和创新能力，这些才是区分孩子写作水平的核心。举个例子，这一阶段的每个孩子都可以写出一句话，但两个孩子的语言知识和思辨能力不同，写出的句子也就完全不同。

因此，这个阶段是孩子写作能力发展的关键期，决定着10岁以后的高水平发展。

4. 显性学习模式开始

儿童的学习模式可以分为隐性学习模式和显性学习模式。

隐性学习模式指的是"从生活中习得"，孩子掌握一项知识通常不是通过直接教授，而是通过生活中的耳濡目染。比如，爸爸和妈妈对话时经常用到的词，会被孩子听进耳朵，几天之后孩子有可能就会说出来同样的词。这个词汇并不来自爸爸妈妈的直接教授，孩子对掌握这个词的过程也没有主动意识，自然而然就学会了。

显性学习模式刚好相反，它指的是"在正式的课堂环境中正式学习"，孩子的知识来自系统的传授，孩子也知道自己在进行学习。6—10岁是孩子小学阶段的前4年，在这4年中，孩子有了主动学习的认知能力，也有了主动学习的学校环境。所以，孩子掌握阅读和写作能力不再仅仅是自发自主的无意识行为，而是开始系统学习一门语言的阅读写作知识、文学背景知识、语法句法知识、阅读技巧、写作技巧等。

进入显性学习模式既是孩子认知能力提高的体现，也对孩子有了更高的学习认知能力要求。比如，当孩子认真阅读一句话、一段话、一个篇章的时候，他其实是在使用自己的元语言意识（对语言概念本身进行理解分析的能力）进行分析，而这是6岁以前的孩子不具备的。

5. 在记忆和理解的基础上，进行分析和应用

美国教育心理学家本杰明·布鲁姆于1956年在芝加哥大学提出了一个至今在教育学界仍被广泛认可和应用的教育目标理论：布鲁姆分类学。布鲁姆分类学认为，在儿童认知领域，教育的认知目标由低到高分为六个层次：记忆、理解、应用、分析、评价、创新。这是一个金字塔型的层次，最低的认知目标是记忆，而最高的认知目标是创新。

对于6—10岁年龄段的孩子，虽然依然需要记忆力和理解力来帮助自己储备知识、消化知识，但他们已经开始学习灵活运用学到的知识，也学会开始分析信息的真伪。

比如，当孩子学习了标点符号的用法后，他们开始尝试在自己的作文中使用相应的标点符号来断句，这就是一种了不起的应用；再比如，当读到一篇关于"雪"的小散文后，他们会根据自己的生活经验和以前读到的其他文章，分析这篇散文里的描述到底是否真实；当读文章遇到生词的时候，他们也会通过各种各样的线索——比如图画内容、前后词、上下文，以及自己的经验判断等——来分析猜测词义。这些都是分析能力的体现。

这种分析和应用的能力既是孩子年龄增长的自然结果，也需要家长和老师的鼓励和呵护。进入小学高年级和中学、大学之后，不同孩子之间的分析应用能力会差距很大，主要原因就是很多孩子在6—10岁阶段错过了对这两个能力的锻炼。

分析应用能力的锻炼对应的是读写中的思辨力。笔者会在后面的篇章中，来谈谈如何提高孩子在读写中的思辨力。

总之，以上就是家长和老师都需要了解的6—10岁儿童的整体读写特点。发展孩子的读写能力，必须要遵循孩子的这些特点。

（二）10—12岁孩子的读写特点

10—12岁的孩子，升入小学5—6年级，也进入了一个非常特殊而重要的时期。在经过了小学4年的学习之后，他们的读写兴趣开始有了明显的分化；相对"输入"型的阅读而言，他们开始有更强的能力、感触和阅历去进行更多"输出"化的写作；孩子的读写能力也逐渐趋于成熟稳定，很多读写能力好的孩子可以写出非常不错的作文了；同时，他们在阅读时对文章已经不再是全盘接受，而是会有逻辑地评价，在写作时也会在大人和老师鼓励下尝试一些创新的写作手法。他们的读写特点笔者总结为以下四点：

1. 表现出非常强烈的阅读喜好和兴趣

10—12岁的孩子开始有了非常强烈的阅读喜好和兴趣。他们开始有自己偏爱的阅读主题：有的喜欢看小说，有的喜欢看科普读物；有的喜欢探险故事，有的喜欢神话故事；有的喜欢关于人类社会的奥秘的书，有的喜欢关于大自然神秘现象的书；……当然，也有很多孩子什么主题都喜欢，什么内容都有兴趣涉猎。孩子在10岁前的阅读经验和所接触到的真实生活，都会对他们这个时期的兴趣产生影响。如果家长们想让孩子拓宽阅读兴趣，就要尽量买各种主题的书籍给孩子阅读。

2. 开始更多的输出化写作

这一阶段的孩子因为能力的提高和学校的要求，开始更多的"写作"了。经过小学前4年的写作训练，5—6年级的孩子开始写更多的作文。根据2019年小学语文课程标准的要求，孩子在这个阶段要在具备一定速度的基础上，书写整齐的楷书；能够积累习作素材；能够撰写纪实作文、想象作文和应用文；能够修改自己的作文，做到语句通顺，行款正确，书写规范。这些要求都说明，这一时期的孩子要有较高的写作能力。不仅对写作速度有要求，对写作数量和质量也提出了更高的要求。

3. 阅读能力变得更加成熟稳定

孩子的阅读能力在这一阶段变得更加成熟稳定。这一时期的孩子阅读能力依然会有不小的个体差异，但平均来说，他们基本都能够开始进行比较快速的阅读；能够熟练地借助词典查阅生词的意思；能够了解作者写作的意图；阅读说明性文章的时候，能大致抓住要点。其实，他们已经蜕变成非常成熟的"阅读者"了，他们不仅能阅读儿童文学读物，甚至能读一些适合的通用型读物了。比如，在小学5年级的孩子中，能够熟练阅读《射雕英雄传》的可不在少数。

4. 思辨读写能力越来越强

这也是笔者认为中国孩子最核心的一点：10—12岁的孩子的思辨读写能力越来越强了。思辨读写，指的是"在阅读过程中进行思考和评价，在写作过程中进行思考和创新"的过程。这一时期的孩子具有了一定的判断能力、逻辑能力和世界观，他们常常对世界上所发生的事、文章中读到的内容进行"质疑"："为什么要这样？作者说得对吗？这个是真的吗？我同意他的观点吗？"没错，这时期的孩子天生具备这样的思考能力，我们要做的就是用合适的方法引导孩子进行思辨训练，让他们成为可以独立思考、能输出有价值观点的小读者和小作家。但遗憾的是，目前学校的基础教育对这方面的训练非常少。本书会讲到很多思辨读写的方法，供老师和家长参考。

说了这么多，那么这一阶段的读写训练和上一阶段的相比，有哪些侧重点呢？相对上一个阶段而言，这一阶段的重点应该放在对"深入阅读、多维写作、思辨训练"这三点技能的训练上面。具有以上三点技能的孩子，会在初中阶段的学习中如鱼得水，不但语文成绩好，其他科目的成绩也会很好。在下一节会详细讲。

二、了解孩子的学习模式

　　每个人都有自己独特的学习模式，但通过大量的心理学和教育学研究发现，人类的学习模式大致可以分为三类，分别是视觉学习、听觉学习、通用学习。如果父母能在孩子正式入学前了解孩子的学习模式，将会帮你解答很多疑惑，更有助于你帮助孩子进行高效学习。

（一）视觉学习型

　　对视觉学习型的孩子来说，他们需要"看见"事物，而不是"听到"事物。他们需要一切"写下来"的东西。拼读对视觉学习型的孩子来说，是比较难掌握的。

　　这一类孩子通常聪明。但这往往并非好事，因为他们的智力会掩盖住真正的问题，而出现的问题又会让大人注意不到他们的聪慧，因此这样的孩子一般会很困惑。

　　视觉学习型的孩子在入学的早期往往并不出色，有时候同学们早已掌握的基本知识，他们却要花很多时间和精力去掌握。但是，等他们在高年级追赶上之后，就又会远超同龄人。

1. 视觉学习者的特征

·他们喜欢电脑、图表、机械，以及研究事物运转的原理。他们可能还喜欢涂鸦和音乐。

·他们对噪声、分心的事物、灯光、色彩的体验更敏感。

·他们往往特别善于解决问题。

·他们非常有创意，是优秀的分析专家。

·当你口头要求他们做某件事时，他们不听你的。虽然很多孩子选择性屏蔽让他们打扫房间之类的要求，但视觉学习者特别缺乏对"口令"的注意力。

·他们特别容易分心，常常被窗户外面或者教室后面的东西干扰。

·他们的学校报告往往低估了他们的智力。

·他们有特别丰富的想象力。

·他们能轻易理解文字内容，但他们的乘法运算和拼写往往不是很好。虽然目前有很多图文并茂的拼写练习册和乘法练习册，但他们学习还是有困难。

·在某些事上非常有条理，在某些事上又特别紊乱。举个例子，他们能准确描述自己画了什么，在电脑上玩什么游戏，但会忘记自己哪天该上游泳课。

·他们常常忘记做作业。

·当你和他们说话时，他们往往只挑其中的一些碎片去理解记忆，因此常常不能很好地领会大人的话。

2. 面对这样的孩子，我们应该这么做

·在孩子还未学会识字和独立阅读时，尽量使用图形和图片给孩子输入信息。听书和故事可能不太适合这样的孩子。因此，购买听书软件可能不是一个好的选择。

·在给予孩子指令时，尽量用语精确明晰。必要时将图表打印出来让孩子照着做。比如，洗手、刷牙、上厕所的顺序，可以打印成清晰的图表，贴在卫生间里。这可能比你讲100遍都有用。

·这样的孩子一般都对文字萌发兴趣较早，因此可以适当地以游戏形式引入文字学习。

·在孩子读书、游戏、画画时，尽量屏蔽周围的噪声、电视机的声音、家人走动的干扰。如果家里有两个孩子，最好设法让两个孩子不要互相干扰。

·当开始识字和学习拼读时，把重点放在视觉方法上。这样的孩子仍然需要学习拼读，但要反复使用识字卡和阅读材料。

·认字之后，在孩子进行任何学习时，有条件的话，把所有的阅读和学习步骤都写下来给他们看。

·可以适当使用电子产品辅助学习和做作业。

（二）听觉学习型

让孩子注视一个词或单独的字，或一张简单的黑板素描。如果在10秒钟之内，他觉得这个字变得模糊起来，那么孩子在认字方面就有不能集中精力的问题，他获取信息的最佳方式不是看，而是听。

1. 听觉学习者的特征

· 他们非常讨厌图表，阅读文字时很难集中注意力。

· 他们不喜欢电子游戏、拼图、积木，以及任何需要通过"注视"来解决的问题。

· 他们话很多，并喜欢倾听。

· 他们喜欢分析人物和人物的动机。

· 年幼时，口头任务比书面任务对他们来说好做得多。

2. 面对这样的孩子应该这么做

· 某些孩子可能是天生的听觉学习者，某些却可能有生理机制方面的问题。父母应该试着找出他们不能集中精力的原因，比如有可能是视力障碍，或者其他问题。如果生理机制方面没有问题，孩子不能集中精力阅读或做其他视觉型任务，就需要帮助他们集中精力或做追踪文字的练习。

· 可以适当用平板电脑上的识字学习软件来辅助。

· 识字初期，允许他们用手指或铅笔来追踪文字，进行指读。但不要滥用此方法。

· 如果你怀疑孩子有视觉学习问题（5岁以下），可以给他们准备一些剪下来的字母和单词，经常让孩子用手去感觉单词的形状，或者给孩子吃字母饼干等，用这些方式替代传统的识字方式。

· 比较明显的视觉学习困难者（包括视觉概念处理困难和视力困难），可以尝试学习阅读盲文。对某些孩子来说，学习盲文可以帮助他们阅读。

最后，就麦、圈的例子来看，麦麦偏向听觉学习，他更喜欢听"凯叔讲故事"这样的声音节目，听的时候聚精会神，同时话非常多；圈圈相对更适合视觉学习，他识字比麦麦快，记得牢，不过特别容易被周围的噪声干扰，对笔者的口头指令常常置若罔闻。

（三）通用学习型

大家可以依照上面的判断方法来检测一下自己的孩子。但是，很多孩子的学习类型不能被严格精准地分类，因为他们具备两个类型的特征，或可能具备其中的某几项特征。特征不明显的孩子或者两边特征兼有者，就是通用学习者。

通用学习并没有特别突出的学习模式优缺点，但是这并不意味着通用学习者没有自己的特色。

笔者比较建议家长们能够按照本文中的学习者模式特点，总结一下孩子的学习特点，然后根据对孩子的观察，进行初步的判断，再适当调整目前孩子的学习方式。

总之，要想让孩子在入学前做好阅读准备和学习能力准备，家长可以多试试这些方法，在实践中判断孩子更偏重于视觉学习还是听觉学习，进而确定孩子更适合哪种学习模式。

三、如何给孩子选适合的书

多维度涉猎，指的是多阅读不同体裁、作者、民族的书籍。这些小的变量构成了不同的维度，让孩子的词汇量、知识面和同理心都更深邃宽广。这个能力在全球化和智能化的大背景下至关重要。

现在，停下你手上的工作，去看看孩子书架上的书。请你粗略地判断一下，在孩子的书架上，虚构书和非虚构书的比例是多少？中国作家和外国作家的比例是多少？是否有很多书都来自同一个出版社？等等。

如果几乎都是虚构书、全是中国/美国/英国作家的、大部分来自同一个出版社，那么你的孩子阅读的涉猎就基本可以说是"单一维度"的。你应该适当考虑多给孩子购买一些纪实类、科普类、其他国家作家、其他出版社的书了。

那么，家长应该怎么购买图书呢？可以尝试以下几个小方法：

（1）不但购买中西方主流文化的童书，也购买其他少数民族文化的童书。

（2）多去不同的书店/网店买书，你往往会看到不同出版社出版的、

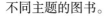

不同主题的图书。

（3）多买不同作家的童书。虽然孩子有可能很喜欢一位作家/一个系列（比如《小屁孩日记》这个系列，就深受全世界孩子的喜欢），但多涉猎不同作者的作品，会发现不同作者的世界观，也能学到不同作者的表达方式。

当然，当你在市面上/网络上给孩子寻求多维度书籍的时候，你一定会遇到不小的难度。比如，你会发现：天哪，儿童故事书可真多啊，不费吹灰之力就能找到；可是，儿童的科普读物却没那么多，甚至没那么"好"。

原因很简单：儿童天然喜欢听故事，因此市面上的故事书也是最多的；对作者来说，撰写虚构类的儿童故事比撰写非虚构类的科普读物要容易得多，毕竟非虚构类读物需要专业的知识、严谨的校对、准确的语言和图片，还需要把专业的知识用孩子能理解的语言表达出来，难度可见一斑；此外，出版业最发达的国家也往往集中在中国、日本，以及西方一些文化大国，想找到中国引进翻译的小国作家的书确实比较难。

但即使维度有限，我们也应该尽量在有限的选择内，多给孩子一些不同种类的书籍。比如，传记类读物、科普类读物应该多买；即使你很喜欢某个出版社的书，也尽量保持开放的态度多买一些其他出版社的书籍。比如，笔者就是尤斯伯恩童书出版社的忠实读者，但笔者也一定会给孩子购买其他出版社的书籍，而它们也总是给笔者许多惊喜。

四、孩子每天阅读多久合适

美国的教育学者丹尼尔·威林厄姆在几年前做过一个研究：调查父母认为自己的孩子该花多少时间在课外阅读上（不包括浏览社交媒体）。结果显示，父母认为孩子应该每天花75分钟时间进行课外阅读。但实际上呢？美国青少年平均每天的课外阅读时间只有6分钟。

一个孩子阅读的时间长度，绝对是考查他读写能力的一个重要指标。在其他条件相同的情况下，每天坚持阅读1个小时的孩子，他的阅读能力、词汇量、知识储备一定比每天只阅读3分钟的孩子要强得多。从这个意义上看，"只要功夫深，铁杵磨成针"是有一定道理的。

不过，从孩子6岁开始，每天阅读1小时的目标可能并不好实现：孩子的课业负担加重，回家除了完成作业，还要忙于参加各种各样的兴趣班，实在难以找出1个小时的时间专门进行课外阅读。国外的教育学家显然也意识到了这一点。

因此，很多国外教育学家在经过研究之后，发现"每天坚持进行课外阅读20分钟"，既能帮助孩子提高阅读能力，形成阅读习惯，也不会占用孩子太多的时间。"20分钟"是每个孩子都能在一天中轻松找到的时间段，足够用来阅读几个短短的儿童故事、一本章节书的一章、一篇完整的科普文章。

这个方法是笔者非常推崇的"细水长流阅读法"：能轻松完成，同时能帮助孩子形成长期的阅读习惯。不过，进行一天的"20分钟阅读"并不难，难的是每天坚持20分钟，月月如此，年年如此。实际上，这个方法最难的就是"坚持"。

但这个"坚持"，是我们家长能帮孩子形成阅读习惯的关键。因为，6—12岁的孩子还往往不能很好地坚持一个习惯，同时很容易被其他事物吸引而分心。因此，笔者建议家长们先确定好每天可以进行"20分钟阅读"的时间段（选择最适合你家孩子的时间段，比如晚饭之后、睡觉前，甚至坐地铁回家的路上），然后让孩子在这个固定的时间段进行阅读。同时，每天阅读完之后，家长可以让孩子填写一个"阅读日志"，把每天阅读的时间、地点、阅读内容都写进去。

这个阅读日志会帮助孩子形成良好的阅读习惯，同时也是锻炼孩子"初步写作"能力的好方法。我们也可以鼓励孩子在阅读日志里加一条"阅读心得"，可以是短短的一句话，这样就把被动阅读变成了主动阅读。

当然，在阅读上我们不能冒进，不要为了让孩子读书时间长一点，让孩子太过疲惫。合适的阅读时间是和其他生活学习的内容相互平衡的，这样孩子才能长期坚持下来。

五、如何保持孩子的阅读兴趣

我们都说"兴趣是最好的老师",这一点对阅读也是一样。但是,一时的兴趣容易,长期的兴趣并不容易。太多的孩子(包括家长)会虎头蛇尾。"虎头蛇尾""三分钟热度"是习惯和兴趣的最大阻碍。只有维持孩子长期的阅读兴趣,才能让孩子养成终身的阅读习惯,对孩子长期的学习有益。

下面是一些简单的方法。

1. 我们要按照孩子的爱好,选择和购买图书

"爱好"才是兴趣的源泉:孩子对恐龙特别感兴趣,就去买恐龙主题的书;孩子对"小侦探"特别感兴趣,就多给孩子买一些侦探主题的书。等孩子读完之后,再慢慢延伸、扩展:找不同的作者撰写的关于这个主题的书,或者找同一个作者撰写的其他主题的书,也可以通过一个主题延伸到另一个相关主题。以笔者的孩子圈圈为例,他对恐龙特别感兴趣,因此笔者给他买了很多恐龙主题的书。他通过了解恐龙,逐渐开始对原始动物感兴趣，之后又开始对原始动物的栖息地感兴趣。因此，笔者按照他的兴趣爱好，买了很多主题的书，这样就慢慢扩大了孩子的兴趣点。

2. 可以尝试给孩子找一些阅读伙伴

不得不说，现在的孩子比我们小时候"孤单"了不少：拥有很多的玩具，只是自己在玩；拥有很多的书，只是自己在读。他们缺少了一起阅读和玩耍的伙伴。因此，家长们可以为孩子找一些有共同阅读兴趣的伙伴，让他们聚在一起玩耍、读书。家长们可以轮流为孩子读一本书，设计一些读后小活动、小游戏，让孩子们都参与进来。

3. 让孩子开始读系列丛书

《小屁孩日记》是一套非常好看、风靡校园的系列丛书。这套书讲了一个淘气的小男生格雷的日常生活故事，语言诙谐幽默，情节贴近孩子们的生活，因此这本书从2007年出版以来，一直是儿童书店、图书馆的座上宾。另外，最重要的是，这套书是一个"日记"系列，孩子喜欢上第一本之后，就会迫不及待想要阅读第二本、第三本……没错，优秀的系列丛书就是有这样的魔力，让孩子的阅读兴趣永不衰减。类似的还有"哈利·波特"系列和"纳尼亚传奇"系列，这些系列丛书会让孩子忍不住一直追着阅读！

4. 认识到孩子的阅读兴趣和其他兴趣一样，都是大脑认知力的一种体现

研究已经发现，儿童的高认知力和学习动力有这样四个前提条件：良好的睡眠、均衡的饮食、充足的活动，以及积极的情绪。当孩子的生活环境能满足这四个前提条件的时候，孩子的认知力和动力都会维持在较高的水平。阅读兴趣也是这样。因此，我们在生活中要让孩子尽量早睡早起，不要给孩子吃太多垃圾食品（油炸食物、腌制食品、精糖等），让孩子劳逸结合，别太给孩子太多压力。

六、如何让孩子爱上阅读

有一个非常明显的事实，可能很多老师和家长已经注意到了：虽然整体而言小学生对阅读的态度比较积极，但从数据上看，儿童的阅读态度和动机随着年级的增长而降低。到青少年阶段，很多孩子对阅读都是一种无所谓的态度，甚至提不起兴趣。

因此，笔者觉得特别有必要在孩子还小的时候，弄清楚如何提早做一些事情，防止孩子出现阅读动机下降的现象。即使整体概率我们挽回不了，自己的孩子还能"救一救"。

有学者对两个年龄段儿童的学习态度进行过观察研究。一组是幼儿园的孩子，另一组是4年级小学生。观察显示，幼儿园的孩子在教室里的状态都非常开心，即使有短暂的走神，但注意力总是容易被抓回来，再充满能量地投入进去；而4年级的小学生则不同，上课10分钟后，有些学生就开始不在状态了，能看出来有一部分孩子不认为学习是一种乐趣。

其中一个重要的原因是：4—5岁的孩子往往都非常有自信，不会认为自己有缺点。到7—8岁左右，孩子们会意识到，自己有优点，但是也有缺点。他们是通过比较来意识到这一点的。

所以，4—5岁的孩子读书的动机主要在于兴趣和习惯，他们不会评价自己读得好不好，因为他们不会觉得自己读得不好，也不会知道其他孩子可能比自己读得好；即使知道，他们也不在乎。

但是，上了小学1年级之后，孩子们开始比较自己和同学的读书进度，而这种比较会对他们的阅读意识产生或消极或积极的影响。由于学校体系的固化和各方面的身体和心理的压力，通常来说，这种比较的消极影响更大。

于是，孩子们就越来越不认为阅读是一种乐趣，越来越失去了阅读的动机。

我们家长本身也一定有过深刻的感受：无论做任何事，你一旦失去了动机，就再也不可能把这件事做好了。

在学校里，有两个因素影响着孩子的阅读学习动机：第一个是教授阅读的方式；第二个是老师教学的方式。这两个方面直接影响着孩子的阅读动机，在此我们只讨论家长应该做什么。

1. 一直保持孩子小时候全家的阅读习惯

比如：孩子需要看到你们全家都在阅读，家里随处可见书本，你和孩子经常一起读书。

很多家长在孩子上小学之后就不再跟孩子一起读书，一方面是因为孩子的学业日渐繁重，另一方面是孩子已经能够自主看书。但是，请仍然每天抽出一定的时间和孩子一起读书，让孩子知道读书仍然是一项重要的家庭活动。

2. 要始终对孩子的阅读能力有清醒的认识和判断

假设你的孩子读小学2年级，有一天他放学回家跟你说："爸爸，我不擅长阅读。"你的第一反应可能是否认这一点，让孩子感到好受。因此你会说："你老师这么说的吗？没有吧？所以你读得很好呢！"

假如有证据证明孩子的确阅读能力很不错，你的否认是有意义的；但如果他的确不爱读书、理解能力较弱等，你的否认反而会让孩子感到很困惑。

所以，你应该这么说："阅读本来就不是一件很容易的事。也许是因为你花了太多时间帮助妈妈和我照顾小弟弟。大概其他同学花了更多时间阅读。下次我们也多花些时间来读书。"这样孩子才知道，他的阅读能力虽然暂时不太好，但爸爸帮他找到了原因，并且很快就能变好了。

3. 让孩子认识到阅读是一种享受

很多家长倾向于认为，阅读是一种技能。没错，阅读的确是一种技能：它让你能完成很多工作，也会随着练习慢慢完善。但阅读跟其他技能有本质的区别，即阅读具有娱乐性。比如，我们会让孩子整理房间，会让孩子收拾玩具，等等。这些也是技能，会带来一定的满足，也会改善我们的日常生活，但是你要清醒地意识到的是，这些技能只是工作，很少给人带来愉悦感。

但阅读不同。阅读虽然也能帮你成长，能帮你在学校拿到高分，能间接帮你在日后找到一份好工作，但阅读更是一种娱乐活动。研究显示，如果一个孩子意识到阅读是一种娱乐，那么他的阅读动机会非常高，同时阅读成绩才会更高。

那么家长应该怎么做呢？最重要的一点就是，将这个想法潜移默化地在平常的谈话中传递给孩子。不要说"要好好阅读，阅读可以让你拿第一名"，我们应该说"天呐，你想一想，如果你2年级的时候能读完《哈利·波特》，多酷啊！你就可以自己编一种魔法了""外婆一直想读《小屁孩日记》呢，可她眼睛不好，下回你把这本书读完，就可以给外婆读了"……

4. 不要把阅读和奖励联系起来

很多家长为了让不爱读书的孩子进行阅读，都会用一种诱导的手段："你想玩手机，必须读完这一章。"这种说法可能会让孩子立刻去看书，但这种手段让孩子本能地意识到：读书是一种任务，因为只有完成任务才能得到奖励。同样的，如果你给孩子设定一个"每天我们必须阅读30分钟"的任务，孩子也会这么想。

我相信没有家长会说"你现在必须去秋千上玩30分钟，然后才能吃巧克力。"因为做一件好玩的事，怎么会需要奖励呢？所以你也肯定不会说："你看电视看得真久啊，妈妈给你一块钱奖励你。"

奖励不会促进孩子的自发式动机，而只会让孩子把阅读和完成任务联系起来。最可怕的是，就算你真的让他阅读了30分钟，但他读进去了多少，你无从得知。

5. 认识到实践性阅读的重要性

实践性阅读指的是，让孩子进行跟真实生活中的目的有关的、对实际生活有用的读写活动。下面的例子可以给你很多灵感。

（1）给你的孩子写各式各样的留言条：贴在他的饭盒、床头柜、台灯上。

（2）让你的孩子给家里人写留言条。

（3）让孩子帮助你完成一个需要"读"才能完成的小任务。比如，在车里你可以这么问："这里的限速是多少？""帮我找找××面馆。"

（4）家里如果收了快递，让孩子帮你念快递信息。

（5）如果你要做一道新菜，把菜谱给孩子，让他指导你一步一步来做这道菜。

（6）鼓励孩子经常写感谢便条。

（7）给孩子买了新书之后，让他自己在内封上写上自己的名字、购买日期、地点等。

（8）给孩子买他们喜欢的笔记本。

（9）在雪地上、沙滩上写字。

（10）在孩子过生日的时候，把他的生日礼物藏起来，然后写很多藏宝纸条，让他根据纸条的指示发现礼物。

（11）让孩子给自己写一份每日待办事项清单，然后根据清单的内容一步步完成。

（12）鼓励孩子给远方的爷爷奶奶念一本他喜欢的书，或者每周给爷爷奶奶通信。

总之，一定要在日常生活中让孩子读到对他有用、能帮助他解决实际问题、有真实互动对象的内容。这是最容易让孩子保持阅读动机的一种方法。

总之，关于保持孩子阅读动机的的方式总结如下。

（1）和孩子一直共读。

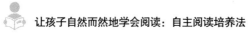

（2）实事求是地评论孩子的阅读能力，帮孩子找出原因。

（3）让孩子意识到阅读是一种娱乐。

（4）不要把阅读和奖励联系起来。

（5）让孩子沉浸在"实践性阅读"的活动中。

七、如何培养孩子阅读时的专注力

教育学界的一大难题就是：我们该如何让孩子专心致志？

想必所有父母都经历过这样的时刻：孩子做作业一点儿都不专心，明明3分钟能写完的作业，半小时过去了才写了一半，分分钟把父母气哭。

儿童不专心，其实跟大人不专心一样，都是世纪难题，也都存在个体差异。

（一）儿童不专心的表现

说起不专心，很多家长虽然没有专门查过定义，但是如果家里有一个不专心的孩子，一定能看出来。不专心的孩子可能会有以下表现：

·无法完成或很难按照要求完成任务（比如作业、练习等）。一个不专心的孩子往往有拖延症。

·很快会对游戏或活动失去兴趣。

·需要持续的外部刺激。比如，他很快会对一件事失去兴趣，然后需要寻求其他的活动来刺激他的行动和表现。

·经常白日做梦。

·生活没有条理，经常丢三落四。

·总是很容易被外界干扰，有可能记忆力也比较差。

·即使指令和说明非常简单，也有可能很难完成。

·有学习困难。

孩子在学龄前就可能会出现不专心的问题，但因为学龄前儿童的认知能力相对不稳定，不专心是非常常见的，我们很难区分哪些是短暂而正常的不专心，哪些预示着长期问题。

另外，因为学龄前没有学业要求，所以这一问题家长可能并不会特别注意到。只有到孩子上学之后，不专心的问题才会凸显出来。很多研究都证明，学龄前后是重要的转折点，而孩子能否养成专心的好习惯主要取决于其自我调控能力。

有自我调控能力的孩子可以：

（1）更专心。

（2）自我效能感更强（指的是对自己是否有能力完成一个项目所进行的推断）。

（3）更能应对学校的挑战。

（4）更能照顾自己。

（二）自我调控力有多重要

阿黛尔·戴蒙德是一位专门研究儿童自控力的专家，根据她的建议，我们应该至少教会孩子三件事。

（1）提高自我调控的能力：孩子必须学会去做"当下最正确"的事，而不是"当下我最想做"的事（这一点对很多大人都很难）。

（2）提高记忆力：我们要教会孩子如何在不忘记旧知识的情况下学习新知识。

（3）提高认知灵活性：教孩子发散思维，跳出"盒子"而思考。

阿黛尔认为，自我调控力可以让孩子依照指令行动，也可以让孩子在遇到困难时继续坚持。自我调控力可以让孩子学会"倾听、注意、思考、行动"这一系列的关键技能。还有研究发现，自我调控力强的人，一生的幸福感都比较强。

（三）如何提高儿童专注力

能帮助孩子提升专注力的方法很多，普通父母也能掌握。下面我们就来说几个被证明确实有用、特别好操作的方法。大家可根据孩子情况自行选择使用。

1. 头、脚趾、膝盖、肩膀

孩子们大都玩过"头、脚趾、膝盖、肩膀"游戏。研究证明，这是一个非常好的锻炼孩子"专心致志"听指令的游戏。更高阶的玩法是反向玩法：给孩子说清规则，当听到"头"（或脚趾、膝盖、肩膀）的时候，必须去摸其他身体部位，而不是摸头（或脚趾、膝盖、肩膀）。

2. 西蒙说

这也是一个特别好玩的指令游戏。

游戏人数：至少3人，越多越好。

规则：一人当西蒙，说指令，其他人听指令，并根据指令内容做出反应。如果指令中包含"西蒙说"，则必须照做；如果直接说"做……"，则不做。做错动作或者违反规则者出局。

下面是"西蒙说"的指令，大家可以参考，也可以自由发挥。

坐下	假装你在睡觉
转圈	在地板上滚
跳起落下	翻筋斗
右脚原地跳	在房子里蹦跳
左脚原地跳	像马一样奔跑
拍手	学猫叫
摸鼻子	右脚往前跳
转手指	左脚往前跳
把胳膊举到天上	用胳膊转圈
像扇翅膀一样动胳膊	摸耳朵

图1 西蒙说

3. 刻意训练

跟大人一样，很多孩子的专注力也是需要训练的。研究证明，如果每天让孩子做一两页训练专注力的习题，是很有用的。很多活动手册里就有这样的训练，比如拼图、迷宫书、找到丢失的数字、配对游戏、找不同游戏，这些都是非常好的。因为它们都很有趣，而且能提高孩子的专注力。

4."相反任务"卡

相反任务卡是一个被科学家们反复证明有用的提高专注力的方法。

游戏规则非常简单：给孩子一张卡片，孩子必须说出跟卡片上的内容相反的词汇。比如，如果卡片上是一个女孩，孩子必须说出"男孩"。如此连续进行，看孩子的反应能力。

大家完全可以自己找一些图片，让孩子说出反义词即可。

5."曼陀罗"涂色书

曼陀罗涂色书大家应该不会陌生，它对称而抽象、图形内部有复杂美丽的花纹。如果孩子压力非常大，让孩子涂"曼陀罗"会非常解压。

涂"曼陀罗"的原则就是不要着急，因为目的是解压，一旦不想涂了，就立刻停止，不需要不眠不休地涂完。很多人说没耐心填涂色书，实际上就是太着急填完了，这就违背了填色的初衷。

6.识别并解决情绪问题

通过教孩子将特定的情绪（"我觉得很生气"）与适当的解决办法（比如曼陀罗涂色书）配对，我们是可以教孩子学会自我控制的。

首先，研究证明，专注度好的孩子一般来说情绪都比较稳定。而情绪稳定的孩子一定能够首先识别自己的情绪变化。这听起来很容易，但实际上并不容易。有的人可能自始至终都不知道自己的情绪怎么了，但就是哪儿哪儿都不对劲，怎么都专心不下来。

其次，识别情绪后，可以让孩子学着给自己的"负面"情绪寻找解决办法。比如，假如你现在很难过，原因是什么？难过造成了什么后果，是不是作业写不完？怎么才能不难过？我们完全可以和孩子一起想办法。阅读时，也可以多跟孩子沟通主人公的情绪，看看主人公是怎么解决的。

7. 让孩子扮演更主动的角色

你的孩子越主动参与各项活动，他就越有可能集中注意力。一些研究人员发现，给孩子一定的掌控权，让孩子自己计划他们的活动，这样有助于提高他们的兴趣、注意力和创造能力，因为这让他们感到自己有责任管理自己的时间。

下一次，让孩子自己规划去博物馆的游玩路线，跟孩子一起讨论该听什么故事。

8. 鼓励角色扮演游戏

许多研究者和教育家认为，有意识的角色扮演游戏是学习的一个重要方式。它是儿童认知发展的一个核心要素。

游戏治疗专家查尔斯·谢弗认为，角色扮演有助于孩子学会提前思考，对挫折也能作出适当反应。当孩子们进行角色扮演，面对日常问题时，他们会更加深思熟虑，更加灵活，更有创造力。

因此，假如你家有一个愿意时不时"演几下"，假扮游戏或故事主角的孩子，可以多给他创造机会，让他能够尽情表演。

9. 让孩子参与家务

适当做家务（当然，不要强迫）对孩子有好处，包括：

· 更好的社会、情感能力和学术成绩单。

· 增强孩子的价值感和信心。

· 提高自主性和自力更生能力。

· 培养责任心、任务管理、时间管理等重要技能。

·简单的任务，让你的孩子知道他有能力成功，会加强他的专注能力和信心。

如果孩子不愿意做家务怎么办？当然不需要强求，你可以让你的孩子自由选择要执行的家务，你可在旁边帮助。附录里有两份适合不同年龄段孩子的家务卡，非常丰富，里面详细介绍了使用方法，建议大家打印使用。

10. 你给孩子讲故事，同时也让孩子给你讲故事

第一，听大人讲故事，需要孩子在特定的时间内保持专注，因此是培养孩子专注力的有效方法。

第二，让孩子给你讲故事，或者跟你一起讲故事，可能是更好的办法。因为让他给你讲故事，他需要全神贯注地创编，他也知道自己有一个全神贯注的听众，那么对孩子来说就是非常好的激励。

如果孩子没办法编出一个完整的故事，你跟孩子一起编故事也是非常好的。

下面是麦、圈的例子：

前段时间万圣节，笔者和麦、圈一起编了"小南瓜要糖果"的故事。

这是我们三个人非常喜欢的语言活动：规则很简单，三个人一人一句，编出一个完整的故事。故事可以"脑洞"大开，但一定要有头有尾，逻辑合理。

麦：从前有个小南瓜，他的名字叫 little pumpkin riding hood。

今年的万圣节，他跟妈妈说："我要一个人去要糖了！"他一手拎着篮子一手拿着荧光棒就走了。

笔者：走出家门，小南瓜犯难了，左边和右边每家每户都准备好了糖果，我该先去哪一边呢？

圈：小南瓜决定先去右边，从最顶头的鳄鱼先生家开始要糖，这样自己不会漏过任何一家的糖。

麦：鳄鱼先生开了门，小南瓜一看，鳄鱼先生竟然只穿着睡衣。他惊讶地说："你怎么穿着睡衣，怎么没穿costume？"鳄鱼先生说："大人可以不穿。快，拿着大白兔奶糖去第三家吧。千万别去第二家啊！"

笔者：小南瓜问，为什么不能去第二家呢？第二家明明也开着灯，还有很多其他孩子去要糖了呢！

圈：鳄鱼先生神秘地说："这你都不知道，真是好笑。因为第二家的猫咪先生最爱吃南瓜啊！"

故事中麦、圈设置了很多不同的动物，每个人都有各自的人物特点，最后小南瓜要了十几种糖（他们自己吃过的）回家了。

我们经常给孩子讲故事，但是完全可以反向思维，让孩子给我们讲故事。像这样家长和孩子一起讲，孩子会被激发出很多的"脑洞"，他也会根据家长的内容有逻辑地调整自己的内容，甚至会设置巧妙的情节，比如刚才圈圈口中鳄鱼先生的答案。

大家可以看到，在上面的故事创编中，我们三人需要一直注意力集

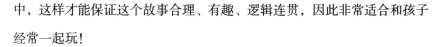

中，这样才能保证这个故事合理、有趣、逻辑连贯，因此非常适合和孩子经常一起玩！

11. 玩"冻住"游戏

梅甘·麦克莱兰和肖娜·托米尼在一项培养儿童注意力的研究中发现，"冻住游戏"可以有效提升孩子的专注力。这个游戏很多幼儿园和夏令营都会用，就是要求大家随着音乐跳舞，然后当音乐停止时保持不动。

我们在家也可以让孩子跟着音乐跳舞，并且可以随着调节音乐节奏的快慢。

笔者真的非常喜欢这个游戏，因为它不但能锻炼身体，还可以教会孩子认真听讲，遵照正确指令。

12. 专注积极行为

你越是关注孩子的积极行为，他就越有可能重复这种行为。设定简单的专注力目标，让他可以实现这个目标，然后强化他的积极行为，可以帮助提高他的专注力和注意力。

记住，强化不一定要有物质上的礼物；简单的强化，如击掌、特别的亲子相处时间、特别的食物（最喜欢的零食、雪糕）、额外的时间看最喜欢的节目等，都是你的孩子很可能会喜欢的强化方式。

13. 不要一次给过多的指令

专注力有困难的孩子往往更难处理信息。

你的孩子接受的指令越多，他就越难贯彻执行。因此，分解指令可以让他更容易理解。要求他重复所理解的内容也可以使他更容易保持专注。

简单的问题，如"你会先做什么？然后呢？接下来你要做什么？"也可以帮助他在心理上对自己要做的事情有一个良好的预期和判断。

14. 减少外界干扰

孩子注意力不集中的主要原因之一是无法抵御让他们分心的事物。其实这是人之常情，即使是很自律的成年人有时也要与分心作斗争。

我们应该尽量给孩子布置一个没有太多外界干扰、尽量安静的特定空间，比如电视机不要开着、大人不要随意打断孩子、桌面不要有太多杂物，这些都可以让他更容易集中精力。需要注意的是，家里不可能绝对安静，我们不需要为了孩子学习，刻意不制造任何噪音，这样反而适得其反。

最后，专注力当然是非常有用的，但有时儿童偶尔发发呆、发散发散思维，也是有益的。我们绝对不能要求孩子百分之百专注（特别是长时间专注），但我们可以提高孩子在合理时间内的效率，同时也要保护孩子的发散性思维。

八、如何让孩子记得更牢

当我们回顾自己的上学时光，最美好的回忆可能是：生日聚会、户外集体活动、戏剧表演、运动会，以及某一节特别有意思的课。

我们能记得当时的感觉，但我们大概率不会记得当时所学习的数学、英语或者实验课的具体内容。我们可能会记得某个同学对老师讲的一个笑话让全班哄堂大笑的场景，或者记得自己的争辩："老师！我没有说话！"又或者我们能记得自己去实验室穿鞋套的场景。

所有这些回忆让我们对人类的记忆做出了一个看似合理的假设：如果我们希望学生记住我们教给他们的东西，那么我们就需要让这次课程非常有趣、与众不同。只有这样，孩子才能记得这节课的内容，记得自己学了什么。

这种推论看起来很合理，实际上却是错误的。

（一）记忆的两种模式

人类有两种记忆模式，虽然两种方式都同样有效，但是其中一种方式更能使我们将学到的知识转移到新的环境中。而这种转移才是儿童创造力和批判性思维的基本前提。

记忆的这两种形式，我们可以称为情节记忆和语义记忆。

情节记忆是关于生活中"片段"的记忆，就我们而言，这种记忆完全不费吹灰之力，发生了就能记住，但是，情节记忆有一个致命缺点：它来得快，去得也快。我们来举个例子。我们都曾经参加过那种场场爆满的演讲或讲座，演讲人所讲的主题很有趣，演讲者本人很有趣，你对演讲者也很感兴趣。但是，当你第二天尝试向你的好友解释课程的内容时，你发现你已经记不得什么了，你只记得这个讲座挺有意思的，或者一些破碎的片段。你知道演讲确实很好，但除了"很好"之外，你无法向你的朋友完整描述一遍课程或讲座的内容和重点。这是怎么回事呢？

其实，出现这种情况的原因只有一个：你的记忆是情节记忆，并且它还正在逐渐消失。如果你只是听了这次演讲，并没有做笔记，也没有任何相关的知识储备，听完之后也没有对笔记进行反思和思考，那么你大概率是无法复述讲座内容的。这时我们记住的是背景体验，而不是真正的核心知识。

而语义记忆则不同。语义记忆涉及更多的工作，也就是说，我们必须付出努力来创建语义记忆。当我们有意识地学习某些东西时，我们需要思考它，而不仅仅是体验它。这时我们使用到的就是语义记忆，语义记忆虽然需要努力，但它会帮你把知识变成持久记忆。

因此，语义记忆是长期学习的核心。在我们举一反三、解决意外问题、发挥创造力时，我们会使用语义记忆。相比之下，情节记忆不灵活且不易转移，因为它是以特定具体的细节为基础的。

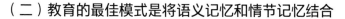

（二）教育的最佳模式是将语义记忆和情节记忆结合

教育的主要目的也是建立强大的语义记忆，以便将传承了数百年的知识传授给下一代，并教给下一代获取新知识的方法。如何阅读和写作、如何通过数学推理解决问题、如何用科学学习概念和建立方法，这些正是思考的结果。只有思考才能形成语义记忆。

虽然语义记忆很重要，但并不是说建立语义记忆是教育的唯一目的。我们也希望帮助培养具有情感素养和道德责任感的孩子，如果我们以友善和尊重的态度对待我们的孩子，他们会在情节记忆中得到被善待和被尊重的感觉，这使他们更有可能也以友善和尊重自己的态度对待他人。

那么，我们如何让学习兼顾两种记忆呢？教育学者的建议是，在讲课时摒弃那些看似丰富的ppt，专注核心知识和科学的思辨能力；让"儿童的第一手经验"去扩充他们的情节记忆。比如，学校可以每个月有一两次时间带孩子们去海边，去剧院和美术馆；或者去城市的博物馆和森林里的野生动物保护基地。假如学校不能做到这一点，家长应该特别注意这一点。

假如是很小的孩子，无论背景如何，他们都缺乏丰富的生活经验，因此需要更令人难忘的经历。

给大家举个例子。比如，生物老师在本周给孩子们教了鸟类的知识，但学校并没有机会带他们去观察鸟类，那么你就可以在周末的时候带孩子去一趟动物园或者山里，近距离地让孩子体验并观察鸟类。这就是两种记忆的完美结合。

九、如何让孩子从隐性学习过渡到显性学习

（一）什么是隐性学习？什么是显性学习

隐性学习也叫习得，是一种孩子从生活当中了解、学会各种技能的学习模式，它不需要刻意进行，往往是自然而然发生的，一般发生在学龄前阶段。显性学习可以狭义地理解为我们常说的"课堂教授"或"刻意学习"，指的是从书本、课堂或老师教授中学习知识的模式，一般发生在学龄后。

举个关于语言学习的例子。在学龄前，孩子往往是不需要刻意在课堂上学习语言的，他们会在生活中观察、倾听和模仿，然后自然而然地开始说话；学龄之后，仅仅从生活中学习显然不够了，为了学会阅读和更好地写作，必须在老师系统的课堂教学下学习字词句搭配等，这就是显性学习。

（二）阅读中的显性学习包括哪些

阅读中的显性学习包括哪些呢？比方说，学习字词句的含义、学习词语搭配、各种各样的精读泛读技巧等，这些都是需要通过显性学习才能获得的技能。很多刚入学的孩子，之前在家里都是父母带着读绘本，或者读

一读分级读物，一时之间不能完全适应显性学习的方式，因此需要家长们辅助一下。

以下是帮孩子适应显性学习的几种好方法：

1. 在生活中直接教授

当孩子遇到一个不理解的新词的时候，就直接告诉孩子新词的含义。如果孩子对文章中的一句话不理解，尽量用浅显的语言给他解释，或者举例子。

如果你也不能确定，一定要借助字典、参考书或搜索引擎，不要给孩子一个不准确、模棱两可的答案。

2. 辅助练习册

上小学以后，我们该给孩子购买阅读练习册了。一般情况下，老师都会给孩子布置课后学习任务，这个时候家长的主要任务就是陪孩子做这些练习册。如果你觉得孩子某些方面需要强化，也可以购买一些针对这些方面的练习册。至于购买哪种练习册，你可以咨询老师，也可以通过关键词在网上搜索。通常情况下，排在最前面、好评最多的练习册都可以考虑入手。一旦确定了购买哪种练习册，就不要轻易更换，坚持做完再换下一本。

做练习是非常典型的显性学习，每个孩子都应该熟悉。

3. 培养孩子专注力

隐性学习往往贯穿在生活中的点点滴滴，可能父母偶尔不经意的一句话就能成为孩子隐形学习的素材，因此并不需要特别专注。但是，这种隐性学习是非常浅显的。如果想要深入了解某个知识点，蜻蜓点水式的"提一句"是不行的。

课堂学习，最重要的就是专注力。很多孩子在课堂学习中，因为注意力不够集中，所以会感到很吃力。那么，我们怎样培养孩子的专注力呢？

（1）让学习和休息交替的频率高一些。

随着年龄增长，人类集中注意力的时间会逐渐增加，大概遵循这样的规律：

表1　不同年龄能够集中注意力的时间

2岁	4—6分钟
4岁	8—12分钟
6岁	12 18分钟
8岁	16—24分钟
10岁	20—30分钟
12岁	24—36分钟
14岁	28—42分钟
16岁	32—48分钟

因此，如果是6岁左右的孩子，差不多能专注的平均时间为15分钟，如果学习任务用时超出了15分钟，他们就很难专注了。当我们抱怨孩子专注力差的时候，一定要先想一想，是不是学习任务本身超出了孩子的注意力时长上限。

如果任务真的很多，而且不能放到明天完成，该怎么办呢？其实，我们可以采取"学习+休息"频繁交替的形式，来解决这个问题。比如，每天的学习任务需要30分钟完成，那么与其让孩子在30分钟内一气呵成，不如按照"学习15分钟+休息5分钟+学习15分钟+休息5分钟"的节奏，缩短每次学习的时间，中间增加休息的时间。这种"短模块交替"的方式非常有用。

在真正使用的过程中，请仔细观察孩子的情况，可以适当增加或减少每次学习的时间。

（2）使用有趣的材料和方式。

有些时候，不是孩子不想专心，实在是学习材料和学习方式太无趣了。让一个6岁的孩子去抄写100遍生词显然是很无趣的，但如果在学完一个生词之后，让孩子只抄写10遍，然后造句，或者让孩子在一篇文章中快速找的这个词，让孩子用手指在沙盘上写这个字，这就有趣多了。

利用一些有趣的方法，提升孩子的专注力就完全不是问题了。

（3）了解清楚是哪些事情在妨碍孩子专心。

想一想，当你饥肠辘辘的时候，你会专心吗？当你困倦不堪的时候，你会专心吗？孩子也是一样。我们需要满足他们基本的需求，同时在他们精神饱满的时候为他们安排学习内容，这样他们才能专心。

除此之外，也请密切关注孩子的情绪。比如，放学回家后，多问问孩子在学校的生活，看看他这一天过得怎么样。假如孩子无法专心学习，可以观察一下孩子是不是情绪比较低落——是否在学校被老师批评了，或者是跟同学闹别扭了，等等。孩子的心灵是很敏感脆弱的，在大人看来很小的事情，在他们看起来却可能是天大的事。这些事情都会干扰到孩子的专注力，所以一定要重视。

（4）从孩子最得心应手的事情开始，进行正面夸奖。

能做得久的事，一定是自己热爱的事。所以，如果要锻炼孩子的专注力，一定要从孩子喜欢的事开始。如果孩子特别爱画画，那就让他尽情地去画；如果孩子特别爱拼乐高，那就让他好好拼一次，即使饭点儿到了也不要打断他。

等孩子专心完成一件事之后，他的成就感一定是溢于言表的，我们这个时候要及时夸奖孩子，并明确地跟他说表扬的是他的专注力。等下一次孩子再进行其他任务的时候，就会意识到自己是有专注力的，然后他就会集中精力去完成。

（5）不要总是干扰孩子。

孩子专注力差，很可能是家长造成的。

笔者曾经去一个6岁小女孩家做研究，在和孩子母亲交谈的时候，女孩在认真地拼积木。短短10分钟时间，孩子的奶奶就至少打断了孩子3次：

"宝宝，你冷不冷？过来穿袜子。"

"你喝水了没？来，快来喝水。"

"宝宝，你这样拼不对，应该这样。"

本来孩子在认真玩耍，但被奶奶一次次打断后，逐渐丧失了耐心，积木一推，走了。

现实生活中，这种情况绝对不少见。

当孩子正在专注做事的时候，家长们要稍微停止一下自己的"关心"，放手让孩子做自己的事。

当然，除了上面的几个方法，我们平时也要时刻注意四点，即让孩子保持良好的睡眠、均衡的饮食、平稳的情绪和充足的运动，因为这些才是孩子拥有长期专注力的基石。

十、如何制定孩子的读写规划

做规划的能力，对一个孩子的学习和成长来说，太重要了。

做任何事（特别是需要长期努力才能达成的事），一定要事先做规划和准备，只有这样才能成功。对孩子的读写能力来说，也是如此。因为，读和写本身就是两种需要长期坚持努力才能有所进步的能力，所以绝对不能三天打鱼两天晒网，这样是无法获得长期、稳定的进步的。

因此，我们从孩子上小学开始，就让孩子做好每周的读写规划，不但能让孩子建立起读写练习的好习惯，了解孩子的读写能力，也能培养孩子做规划的能力，非常有意义。

此外，读写规划本身就需要思考和写作，做规划本身也能锻炼孩子的思维能力和写作能力。

（一）每周规划如何制定

一目了然的规划可以用规划表实现。因此，笔者建议大家也使用表格的形式让孩子填写，而且这样能让孩子了解填表的形式。我们每周要给孩子制定两张规划表：一张是阅读规划表，另一张是写作规划表。

1. 阅读规划表

这张表里包含的内容，主要是一周的读书规划。最重要的是计划一整周的阅读书目，然后读完之后填写实际的阅读时间、简单的读后感。很多孩子有可能会读其他的书目，那就放入"额外阅读"这一栏。

制定阅读规划的时候，还需要注意体裁的均衡搭配，最重要的是虚构类和非虚构类都要有。建议虚构类：非虚构类=2：1或者3：1。

下面是一个简单的阅读规划表模板，供大家参考。

表2　麦麦2022年第一周阅读规划表（预计3本，实际4本）

预计阅读	体裁	阅读时间	读后感	额外阅读	体裁	阅读时间	读后感
《狮子、女巫和魔衣橱》	虚构/玄幻	周一、周二		绿野仙踪	虚构/魔法	周六	
《南极企鹅》	科普故事	周三、周四					
《能言马与男孩》	虚构/玄幻	周五					

2. 写作规划表

这张表里包含的内容，主要是一周的写作规划。最重要的是计划一整周的写作体裁，然后写完之后填写实际的写作时间，补充一些简单的备注。

制定写作规划的时候，也需要注意体裁的均衡搭配，比如记叙文、日记、书信等，都可以涵盖在一周的规划内。也建议家长们时刻了解孩子在学校的学习内容，比如，如果语文课上老师讲到了小散文的写作，那么就可以在下周的写作规划中增加小散文的写作练习。

下面是一个简单的写作规划表模板，供大家参考。

表3　麦麦2022年第一周写作规划表（预计3篇；实际3篇）

	体裁	用时	备注
周一	日记	15分钟	修改、订正情况
周三	书信	20分钟	孩子的写作状态
周五	小诗	5分钟	

（二）如何制定"个性化"的读写规划

上面的读写规划表只是一个模板，并不是放之四海而皆准的标准答案。其实，每个孩子都是独特的个体，在制定读写规划的时候也需要进行"个性化"的调整。

父母要了解孩子的读写能力，根据孩子的读写能力制定规划。比如，如果孩子年纪尚小，我们每周规划的阅读数目可以少一些；如果孩子阅读能力很强，我们可以多规划几本。

规划好的表格，也不是一成不变的。随着孩子读写能力逐渐变强，我们可以遵循"从少到多、从易到难"的原则，逐渐增加内容和难度。

当然，也可以在表格里添加一些特色模块。比如，在阅读表中增加一个预计阅读时间，以便和实际阅读时间做对比。这些都可以根据孩子的能力和需求来变更。

（三）执行规划的小方法

规划好读写规划之后，最重要的是每天的执行力。下面这些小方法可以帮助孩子更好地执行规划表上的每项内容。

1. 每天找一个固定时间进行读写训练

这一段时间无论长短，都要完全属于阅读和写作，这样有助于孩子完成规划表上的内容。一旦完成，就立刻停止。这样也不会因为时间太久而导致孩子过于疲惫，对读写产生畏惧心理。

2. 当孩子完成一周的规划后，适当奖励孩子

这个奖励不一定是物质奖励，可以有一点有趣的小花样：比如带孩子去一趟博物馆、给孩子一个"可以在周末睡懒觉一次"的小奖章、让孩子尝试一次他一直以来想做的一件事（比如帮你做饭）等。

3. 鼓励孩子自己制定和填写表格

让孩子享受把表格填满、"掌控自己节奏"的乐趣。这样孩子会有参与感，会有自驱完成的动力，而不是被家长"逼迫"着被动练习。

4. 阅读与写作规划练习

尝试跟孩子一起，用一周时间填写下面的阅读规划表。一周后看一看，孩子的阅读规划如何？你有什么感想？

表4 2022年第一周阅读规划表（预计__本；实际__本）

预计阅读	体裁	阅读时间	读后感	额外阅读	体裁	阅读时间	读后感

注意："预计阅读"/"额外阅读"和"体裁"这两列的内容需要提前填好，"阅读时间"和"读后感"这两列的内容在真正读完一本书后再填写。

尝试跟孩子一起，用一周时间填写下面的写作规划表。一周后看一看，孩子的阅读规划如何？你有什么感想？

表5 2022年第一周写作规划表（预计__篇；实际__篇）

	体裁	用时	备注
周一	日记	15分钟	修改、订正情况
周三	书信	20分钟	孩子的写作状态
周五	小说	5分钟	等

基础篇

第三章 | 如何让孩子
自然而然地开始阅读

对大多数孩子来说，从6岁上学开始，学业便会挤掉孩子的阅读时间；家长大多知道该让孩子多读书，但该读什么、如何读、怎样让孩子长期保持阅读兴趣，这些很多家长并不清楚；另外，学校的阅读往往更偏重知识的识记，却忽略了逻辑思维力的培养。

阅读能力是写作能力的基础，也是其他学习能力的基础。这一章，我们就来谈谈，如何从让孩子自然而然地开始阅读培养孩子的阅读能力。

一、用故事让孩子爱上阅读

各种各样的中外故事、神话、诗歌，都是"虚构"材料。"虚构"材料阅读对6—10岁的孩子来说并不陌生：从低幼绘本开始，他们就开始接触"虚构"材料了。

阅读"虚构"材料可以说是全人类的兴趣：人类天生喜欢听故事、读故事。孩子爱读的绘本、大人爱看的影视剧，无不体现了故事（"虚构"材料）的内核。

对"虚构"材料来说，最自然的顺序是从听大人讲，到跟大人一起共读，再到自己阅读。因此，如果要培养孩子阅读故事的能力，我们在孩子6岁前就应该跟孩子一起读故事、让孩子爱上读故事。

笔者的朋友讲过一个例子：她女儿的一个同学从上1年级开始，阅读能力就比较差，甚至无法读完一本薄薄的绘本。在跟女儿同学的家长交谈中得知，家长一直固执地认为阅读是学校老师的任务，因此从未往家中买过一本书。

当然，这是一个很极端的例子，不过这也从侧面反映出"虚构"故事材料阅读需要大量的输入。最开始并不需要孩子认字，只需要家长多给孩子读故事，培养孩子的兴趣和想象力。这样可以帮助孩子快速掌握阅读"虚构"故事的能力。

阅读故事书有几点需要注意的事项：

1. 大量阅读

故事书如果情节足够有趣，文字安排合理，孩子很容易快速沉浸其中，这样他们的阅读速度会比较快。因此，我们在孩子比较轻松的时候（比如寒暑假），可以给孩子列一个书单，让孩子尽量快速地完成阅读，这样孩子可以在短时期内多读一些内容。

2. 了解一本书的组成

让孩子了解一本"虚构"读物的外在完整结构，比如书的封面、作者自序、目录、正文、后记等。这样可以帮助孩子了解这本书的创作背景。

3. 了解故事的结构

看完一个故事后，让孩子了解组织故事的方法，内在结构比如人物、情节、冲突、高潮、结尾等。这对孩子以后尝试自己创作很有益。

4. 读后思考

每读完一本书就想一想：这本书为什么写这些内容？作者想表达什么意思？你从主人公身上学到了什么？

二、用非虚构图书提升孩子的认知能力

笔者办公所在地有一个图书馆，当浏览儿童书架时，笔者发现了一个有趣的现象：绘本不是最多的，它和非虚构类、科普类、信息类的童书几乎一样多。图书馆管理者跟我说："孩子需要看故事，也同样需要看不是故事的书。它们同等重要。"

回家后，笔者特意看了看麦、圈的书架。麦、圈有两个书架，一个是中文书书架，一个是英文书书架。带着考证的眼光观察了一番，笔者迅速发现了不同：

中文书书架上，80%都是虚构类的故事书，20%是科普读物。科普读物中还有几本英文科普的翻译版，只有一本《幼儿十万个为什么》，是中文原创书。

英文书书架上，几乎和我们学院图书馆的比例一样：一半是故事、童话、传说等；另一半是科普读物、传记、自然科学读物、信息类绘本等非虚构类的童书。

非虚构类读物最简单的定义是"基于事实的读物"，大致可以分为人物传记、各个主题的科普读物、回忆录、说明类读物等。

那么，儿童为什么一定要读非虚构类读物，而不只是读故事书、诗歌、神话、童谣呢？

2016年，学前教育学者克拉帕纳博士的一项实证研究显示，在给5—6岁的孩子进行了两个月的科普阅读课之后，参与该项目的儿童的认知能力和理解能力，以及处理复杂信息的能力普遍有明显提升。

德雷尔和克莱齐恩在对幼儿园至3年级的儿童进行了长期的追踪研究后，发现了非虚构类读物给儿童的各方面能力带来的好处：

· 帮助儿童提高逻辑思维能力。

· 提高儿童对复杂词汇的理解力和运用能力。

· 预示着儿童未来的写作能力，特别是说理能力。

· 可以提高儿童处理生活中其他复杂状况的能力。

· 对儿童知识面的扩充和资料检索能力也有帮助。

此外，也有学者发现，如果想培养儿童的双语能力，科普读物会有很大帮助。科利尔和埃切瓦里亚分别在1992年和2003年的研究显示，如果一个孩子在弱势语中能掌握更多的科学和学术词汇、表达，那么他的优势语就会掌握得更好。反之亦然。放到国内语境中可以这么解释，如果家长们可以给孩子多读一些英文科普读物，那么孩子的中文就会更好，反之亦然。

麦、圈的语言能力较强。结合学者们的研究以及笔者的亲身体会，笔者发现麦、圈的语言能力是基于"平衡选取虚构类和非虚构类童书"的结果，而不仅仅是大量阅读的结果。

国际研究组织在全世界范围内的一项调查显示：发展中国家的非虚构儿童读物比例惊人得低。无论是在图书馆、学校还是书店，学前和小学生阶段的非虚构读物的数量都十分有限。在亚洲和非洲地区，儿童书籍中仅有20%是非虚构读物，而针对1—3年级儿童的读物中，竟然只有7%是非虚构读物。

虽然目前没有专门针对中国的数据，但根据笔者在电商平台购买童书的经验和上述整体调查的结果，中文的非虚构儿童读物也的确远远不够丰富。中文原创的非虚构童书确实有，而且也有很优秀的书籍，但是跟虚构类童书的数量和种类比起来，还差得远。这就导致了市面上不少非虚构童书是英文中译本，翻译水平也是参差不齐，需要家长辨别。

我们再看一下美国标准课程大纲和2019年中国小学语文课程大纲关于读物类别要求的对比。

可以看到，美国的课程标准中，科普读物的比重要求在各个年龄段都有体现，包括阅读技巧和阅读能力的要求；而中国的语文大纲一直侧重于叙事性作品、诗歌欣赏、优秀范文背诵，到高年级才提了一句"要抓住说明性文章要点"。实际上，大家如果查一下小学必读书目推荐，你会发现从1年级到6年级，都几乎没有非虚构书籍的身影。

这种"轻科普，重虚构"的偏见，已经根深蒂固，导致整个社会对儿童阅读非虚构书目都不够重视。因此，我们一定要树立这样一个原则：

在儿童阅读的道路上，数量是重要的，体裁也很重要。儿童需要阅读不同体裁、主题、文化、内容、角度的书籍，才能够为未来的思考力和写作力打下一个好基础。而非虚构童书恰恰是被我们轻视已久的一个部分。

表6 美国标准课程大纲与2019年中国小学语文课程大纲关于读物类别要求的对比表

阅读标准	美国标准课程大纲	中国小学语文课程大纲
小学一、二年级	能理解一篇多段落文章的主旨，也能理解一个单独段落的主旨；能了解并使用各种文本特点（题注、粗体、副标题、术语、索引、电子菜单、图标等），快速找到关键信息。能确认文本的目的，包括作者想要说什么，什么或描述什么。 学会精读，能提出"5W1H"问题。	结合上下文和生活实际了解课文中词句的意思，在阅读中积累词语。借助读物中的图画阅读。 阅读浅近的童话、寓言、故事，向往美好的情境，关心自然和生命，对感兴趣的人物和事件有自己的感受和想法，并乐于与人交流。 诵读儿歌、童谣和浅近的古诗，展开想象，获得初步的情感体验，感受语言的优美。
小学三、四年级	能解释诗歌、戏剧、散文的主要区别；在写作和口语中，能够参考诗歌和戏剧（人物、情节、对话）中的一些元素；能区分人物的不同观点和性格；能区分作比较不同故事的观点，以及第一人称叙述与第三人称叙述的区别。 能够理解科普文章中的词语和短语意思；能够对比一个事件和主题的观点和自己的观点；能够区分主题的一手数据（如科学家对昆虫的观察日志）和二手数据（如一位学生对几个不同的观察日志的总结和评论）。能够描述一手数据和二手数据的侧重点有何不同。	能复述叙事性作品的大意，初步感受作品中生动的形象和优美的语言，关心作品中人物的命运和喜怒哀乐，与他人交流自己的阅读感受。 诵读优秀诗文，注意在诵读过程中体验情感，展开想象，领悟内容。 积累课文中的优美词语、精彩句段，以及在课外阅读和生活中获得的语言材料；背诵优秀诗文50篇（段）。
小学五、六年级	学会精读、略读、浏览不同主题和体裁的文章与材料；默读速度加快，同时间阅读总量提升。 能够理解科普文章中的或多篇文章中的事件、观点、概念，信息结构（如时间线、对比、因果、问题/解决等）。 能区分比较两个或多篇文章中的词语和短语意思。	阅读叙事性作品，了解事件梗概，能简单描述自己印象最深的场景、人物、细节，说出自己的喜欢、憎恶、崇敬、向往、同情等感受；阅读诗歌，大体把握诗意，想象诗歌描述的情境，体会诗人的情感；受到优秀作品的感染和激励，向往和追求美好的理想。 阅读说明性文章，能抓住要点，了解课文的基本说明方法。 诵读优秀诗文，注意通过诗文的声调、节奏等体味作品的内容和情感；背诵优秀诗文60篇（段）。

笔者建议：

3—6岁，假如每天读三本书，其中至少一本应该是非虚构读物。

小学期间，也就是6—12岁，非虚构类读物的比例应该逐年增大，最好和虚构类读物各占一半。美国的教学大纲认为此后应该逐步增加，高中阶段时，非虚构类读物应占75%。虽然这一比例需要因人而异，但从小学开始，非虚构类读物至少应占阅读总量的一半，这个应该是最基本的。

对于低龄儿童，有一种体裁叫作"叙事性非虚构读物（narrative non-fiction）"。笔者非常推荐各位家长给孩子们选择这种读物，因为它结合了趣味性和实践性的特点，对孩子来说特别好理解，又能掌握一定的知识。

比如，"小人物大梦想"系列是麦、圈非常爱读的叙事性非虚构读物：讲述了世界上那些通过努力和奋斗而改变命运，为人类做出贡献的人物故事。

达尔文的《物种起源》，用娓娓道来的叙述，讲述了达尔文研究进化论的一生，并讲述了什么是进化论。

总之，从今天开始，笔者希望大家好好审视一下孩子的书架，为孩子多挑选一些好的非虚构读物。

三、让听故事成为习惯

麦、圈是两个非常爱听故事的孩子，因为"听故事"带来了各种好的变化。

在麦、圈听故事的两年半时间里，笔者积累了不少儿童听故事的经验，下面就简单谈谈。

（一）听故事的好处是什么

1. 最大程度拓展孩子的想象力

当孩子看绘本和视频的时候，故事情节被看到的图画和动画所限制。而听故事就不一样，当孩子听到对"孙悟空"的形容后，每一个孩子脑海中的孙悟空都是不一样的，他们可以尽情想象孙悟空的外貌和穿着，或者故事发生时的景象。比如，麦麦在听完故事后常会画出他所想象的人物，而我发现他的想象完全是天马行空的，而这份想象力无比珍贵。

2. 在单位时间内，尽可能地让孩子多摄入各种书面词汇和表达

这对孩子未来的课堂学习有非常大的帮助。我们家长平常跟孩子的对

话，绝大多数是口头用语，很少涉及高级用法。故事却不一样，会有很多高级的书面用法。自从听故事之后，麦麦和圈圈时不时会说"让我思索一下""你这是自不量力啊""哎哟，我跟跄了一下"这样的话。虽然听着文绉绉的，可是以后当他们进行阅读的时候，这些词都已经在脑海中根深蒂固，会对书面阅读、写作特别有帮助。

3. "解放"家长

每次孩子们听故事，笔者都能拥有一大段安静时间，能做好多好多事。

4. 保护视力

这一点是笔者非常看重的。因为即使是看绘本，太久了也不免会伤眼睛，但听书就不会了！

（二）听故事的坏处是什么

孩子听故事有什么坏处？作为一个特别喜欢分析事物两面性的人，笔者认为听故事如果不分场合和时间，肯定是有坏处的。比如，在孩子们吃饭的时候，笔者不会给他们听故事；如果玩得很晚，睡前也不会让他们听太久故事，太兴奋了可不行。

还有就是，如果孩子听故事时间太长，太专心的话，会坐在沙发上一动不动，因此最好听半个小时就起来运动一下。

（三）孩子应该听什么故事

关于孩子应该听什么故事，其实家长们不用太纠结。一般情况下，知名、专业的儿童故事主讲人，他们的节目都会有年龄分类和主题分类，你可以按照年龄分类去给孩子选择，也可以按照孩子的喜好去挑选。

有些故事很可能一个孩子不喜欢，另一个孩子很喜欢，都很正常。你可以给孩子试听一集，然后看孩子是否愿意继续听下去。

（四）哪些故事能提高孩子的语言知识能力

能直接提高孩子语言知识能力的大致有两类：科普类故事和经典故事。

科普类故事如《神奇校车》，是孩子们很爱的一套"桥梁书"，后来他们就听了这套书的音频版，学会了很多硬词汇，而且理解得很透彻，这些直接扩充了孩子的知识库，并提高了他们的语言能力。

另外一类要强烈推荐的就是那些对经典的书籍和典故改编的故事，比如《西游记》《成语故事》《中国传统故事》等，这里面有大量的书面用语，不仅有成语，而且有一些精准的词语搭配和典故。

（五）听故事会让孩子不专心吗

笔者不止一次讲过听故事的好处，但也有家长不止一次询问：听故事会让孩子不专心吗？

答案是用对方法，并不会。

这里面有几层意思。第一，如果孩子听的是讲得非常好的故事，主讲人本身的语气、语调也绘声绘色，孩子基本上都是全神贯注的。如果讲的故事内容不好，或者主讲人死气沉沉，孩子基本上也不爱听，可能听着听着就去玩别的了，或者边玩边听；第二，听的时间要找对。如果孩子正在吃饭，给孩子听故事当然会让他们不专心；第三，不要在孩子听故事的时候打断他，一会儿跟他说话，一会儿摸摸孩子穿得多不多，尽量让他享受故事里的世界。

（六）听故事需要哪些硬件

手机当然算是最重要的硬件。但是直接用手机听，有的时候效果并不好，笔者建议大家使用蓝牙音响外放，不仅音质好，而且家长不需要把手机放在孩子身边，免得孩子分心。

这有一个问题：我们需不需要给孩子买儿童耳机？从保护听力的角度来看，目前很多儿童耳机已有相对应的保护设置，因此如果每天听一小段时间，基本不会影响听力。

（七）听故事和读故事的比例是怎样的

孩子爱听故事，那还需要给孩子读故事吗？这个答案是当然！

对孩子来说，爸爸妈妈给他读故事不仅仅是打发时间或者获取知识，而且是跟爸爸妈妈亲密无间共处的一种方式，是增进亲子感情的最佳手段之一。因此，即使麦圈每天都听故事，笔者也会每天给他们读故事，他们一左一右像两个小肉球一样紧紧挨着笔者，跟笔者一起沉浸在故事的世界中，这是笔者一天忙碌生活中最幸福的时刻，没有之一。

所以，虽然听故事的时间没有绝对的比例，笔者还是希望大家每天至少保证30分钟的亲子阅读时间。至于听多久的故事，每个孩子情况不一样，大家酌情安排。

以上就是两年多来孩子们听故事的一些心得，在这个过程中，麦圈的语言能力迅速发展，知识储备也在迅速扩大，他们不但爱听，也爱思考，常常在第二天就跟笔者探讨前一天听过的内容，甚至告诉笔者一些连笔者都不知道的知识，因此这个习惯我们会一直保持下去。笔者可以肯定地说，假如没有听过这么多好故事，麦圈的语言知识能力会比现在差很多。

四、用真实语料来培养孩子阅读

教材属于人为材料，也就是为达到教育目的人为编写的材料。和人为材料相比，以下两种阅读材料是儿童更应该涉猎的：

一种是儿童文学、绘本、科普读物，这是非常好的高级阅读信息资料，我们家长现在通常都已经意识到了这一点，课外读物也大多集中在这种材料。

另一种是真实语料，它指的是"目标读者是真实的人群和用户、用以表达真实生活中的目的和需求"的阅读材料。

和人为材料不同，真实材料的目的不是为了教学和考试，也不是为了教任何技能，它的目的很简单，要么是给出信息，要么是解决问题，要么是说服他人。

我们知道，语言具有强烈的社会性，它的本质是为了真实的社交而产生的符号，从语言诞生的第一天到现在都是这样。儿童非常需要这种真实的阅读材料来迅速掌握语言的社会性，迅速掌握生活中的、实际的阅读能力。

以下是几种适合孩子阅读的真实材料，适合爸爸妈妈引导孩子，也适合老师在课堂上进行。

· 招牌和路牌。

· 平面广告词。

· 商品包装盒上的文字。

· 网站简介。

· 旅游小册子。

· 电影海报。

· 外卖菜单。

因为真实阅读材料在生活中随处可见，同时又是免费的，所以对家长来说也并不难收集。

笔者强烈建议大家准备一个文件夹或者小纸箱，把平时收到的这些小册子收集起来放进去，这样就做成了一个非常丰富的"真实阅读语料库"。

在孩子识字阶段，可以从语料小纸箱随时拿出来一两份给孩子认字，也可以跟孩子一起讨论这些小册子的排版、字体之类的。

等孩子认字之后，可以阅读和讨论的就更多了。下面，笔者就以外卖单为例来讲一下如何进行真实的阅读活动。

外卖菜单对孩子来说是非常宝贵的语料库。这个语料库不但包含了丰富的食物名称，还有各种食物烹饪方法的词汇（蒸、炒、炖、焖等）。

我们知道，优秀的作者很会描写食物，无论是食物的做法，还是食物的卖相，一般情况下文学作品中出现关于食物的描写，都会增加文章的生动性，也能让读者产生共鸣。

让儿童大量阅读各种外卖菜单，跟孩子一起研读，特别有利于丰富儿童的感官表达力，让儿童的语言表达生动形象。

根据儿童的认知目标分类，以菜单为阅读材料的活动可以包括：

（1）一起读一遍，挑出孩子不理解的词语，然后进行解释。

（2）挑一道简单的菜名，让孩子根据菜名猜猜这道菜是怎么做的；让孩子根据它的名字，充分调动感官词汇，想象并描述一下这道菜的长相、颜色、味道、入口的感受。

（3）让孩子根据家里某个人的饮食习惯，从这张菜单上选几道适合他的菜。

（4）找出这份菜单上不合理的地方（价格、搭配、设计等）。

（5）写一份家宴菜单，包括各种搭配合理健康的菜品。

（6）让孩子做"边学边用"，假扮这家餐厅的老板，介绍这份菜单，让爸爸妈妈作顾客，看爸爸妈妈听了孩子的介绍，是否愿意买单。

（7）把这份菜单上的食物名称、烹饪方法一一列出，跟孩子一起发挥想象力，写出几个谁都没听过的菜名。

（8）给某一道菜名创作一个故事等。

这样的阅读活动非常有意思，孩子会非常喜欢，不知不觉就扩大了词汇量，也锻炼了应用能力和想象力。多进行几次这样的活动，以后孩子在写相关主题的作文时，根本不愁没有词可写。

综上，儿童的阅读材料需要以下三种材料的配合：

（1）经典、可测评的语言教材（需要老师配合教学大纲系统教授）。

（2）培养儿童高级语言能力的儿童文学和科普读物（需要适合的年龄段，老师、家长、图书馆都有大量的材料）。

（3）大量丰富的真实阅读语料（最容易获得，最真实、最有现实意义，但最容易被忽略）。

美国学术出版社的儿童读写顾问露易丝·布里奇斯认为："每个儿童都必须阅读大量的真实材料，以获得坚实的阅读和写作基础。"

笔者很赞同这一点，因为前两者（教材和儿童课外读物）已经得到了足够的重视，而第三类被广泛忽略却又非常重要，所以家长们应该争取让孩子们多接触一定的第三类阅读材料。

五、增加孩子的课外阅读量

阅读绝不仅仅是语文课的任务。语文课上的阅读是有目的的，比如学会一个阅读技巧、掌握一个写作手法、了解一些科学知识等。语文课的目的，是让我们通过精读一篇文章，学会一项特定的语文能力，因此"阅读量"不是语文课的要求。

然而，真正的阅读兴趣和阅读能力的形式和培养一定是建立在丰富的阅读量的基础之上的，而这个阅读量一定需要课外阅读才能达成。

我国教育部也非常鼓励孩子进行课外阅读，甚至将之写进了教育大纲。按照国家现行教育大纲的要求，小学生课外阅读量要达到145万字。因此，除了很多家长非常重视的"语文课本"阅读之外，课外阅读是一定要重视的。

实际上，教育大纲的课外阅读量要求，也只是一个最低标准；真正热爱阅读的孩子，小学阶段的课外阅读量绝对不止145万字。笔者在小学3年级的暑假，只用3周时间就完了金庸的《射雕英雄传》和《倚天屠龙记》，而这两套书的字数加起来是230万字。这还不包括笔者在其他时间读的其他书。事实上，不只是笔者，当时我们班上的很多孩子都可以每年阅读几百万字的课外读物，原因就是我们掌握了课外阅读的奥秘。

作为一个从小就热爱阅读的孩子，笔者在有了自己的孩子之后开始攻读儿童语言读写教育学博士学位，在这个过程中笔者做了很多调研，了解到很多家长是如何培养孩子课外阅读习惯的。

下面就是一些简单的方法，你可以尝试：

1. 在孩子入学前就给孩子多买多读绘本

这样让孩子养成阅读的习惯。入学后虽然功课增多时间变少，但阅读依然会是他休闲放松的方式。

2. 即使孩子作业变多，越来越忙，也要让其挤出时间轻松地阅读一本课外书

对于孩子读课外书，不要带功利心，不要管孩子今天读得多不多，从书里学了几个成语，哪些字不认识，也不要迫不及待地去考孩子读了什么。这段时间，孩子应该是自由的，让他沉浸在书中世界就好。假如孩子最开始读不了多少，也没关系，能读多久便读多久。

3. 从课本着手，给孩子挑选课外书

假如最开始你不知道怎么给孩子挑选课外书，孩子也没有养成读课外书的习惯，那么你可以从课本着手，向外辐射比如，从孩子喜欢的一篇课文开始，寻找这篇课文的全文（语文课本上的文章往往都是摘选的一篇文章的一部分）；从孩子喜欢的一个作家开始，寻找这位作家的其他作品。顺藤摸瓜，是扩大阅读量最好的方法。

4. 鼓励孩子自己学着选书、买书

这样能够让孩子享受"自己掌控、自己负责"的感受。比如，去图书馆，告诉孩子可以自己挑选喜欢的书；去书店，告诉孩子怎样买书。这些过程像一个一个郑重其事的小仪式，把孩子、生活、阅读紧密地联系了起来。

5. 可以让孩子跟小伙伴交换阅读

孩子都是有朋友的，有时候父母推荐的书他们不一定爱看，但好朋友推荐的书他们一定爱看！笔者上小学的时候，就是因为最好的朋友推荐了郑渊洁的小说，才一头扎入了郑渊洁的童话世界。在交换图书的过程中，往往还可以交到新朋友。如果爱看书的孩子多了，家长们甚至可以组织一个小小的阅读俱乐部，让孩子一起交流讨论。

6. 阅读真实语料

阅读，不仅是读指文学作品，也包括读生活中方方面面的"文字"：招牌、菜单、说明书、列车时刻表等。比如，笔者就有一位很会把阅读与生活结合起来的朋友，她的儿子读小学3年级。当她想尝试做一道菜的时候，都会让儿子上网去查菜谱，把菜谱打印出来，然后儿子读一个步骤，妈妈做一个步骤；当她买了一件小家具的时候，会让儿子来读说明书，读完之后让儿子动手安装。这种实用文体阅读，不但培养孩子的阅读能力，还培养孩子的生活能力，真的是一箭双雕呢！

7. 使用计时器

有的孩子读书比较慢，阅读量始终上不去。我们可以给孩子一个小小的计时器（沙漏也行），给孩子设置一个小挑战：在规定时间内，必须读

完多少页；读完之后用自己的话复述一遍。一段时间后，如果孩子有所进步，记得给孩子一个小奖励！

　　总之，培养课外阅读习惯和能力的方法有很多，只要你愿意重视，孩子的阅读量一定会有所增加！秘诀只有一个：细水长流，坚持不懈！

六、引导孩子进行自主阅读

在孩子6岁以前，亲子阅读占据了儿童阅读的主导地位：父母会给孩子读绘本，会辅助孩子识字，也会用阅读作为一种陪伴的方式。不过，从孩子四五岁开始，我们常常会发现他们开始一个人坐在沙发上全神贯注地翻书，即使他们不能完全明白书中的文字说了什么。

一旦孩子出现这种"早期阅读"的迹象，我们就可以开始培养孩子自主阅读的习惯了，这种习惯在孩子入学后也是十分重要的。自主阅读，往往都是默读，它更私密、更高效、更能培养孩子的专注能力。

1. 识字量

自主阅读习惯的养成，离不开"自主阅读能力"的养成；而"自主阅读能力"的最核心因素就是识字量。识字多的孩子，在阅读简单书本的时候可以逐渐脱离大人的辅助。如果想让孩子从6岁开始就能进行简单的自主阅读，那么我们最好在4—5岁的时候就开始让孩子进行简单的识字训练。但是，如果孩子6岁前的识字量较少，那该怎么办呢？其实也不用担心。儿童的认知能力是随着年龄增长而快速发展的。举个简单的例子，在

4岁时需要花一整天时间才能记住的字，可能在5岁或者6岁的时候花3分钟就记住了。

笔者接触到的好几位家长的孩子在上小学1年级前的识字量或者拼音能力都只是初步启蒙水平，但家长的反馈是：因为这几个孩子在6岁前的阅读兴趣浓厚、亲子共读量大，孩子在入学后，识字和拼音学得很快，一学期就赶上了班上识字较早的孩子。

当然，笔者不是说一定要等到孩子6岁才开始让孩子识字，假如能在4—5岁开始识字，当然是能提前打下基础。笔者想强调的是，如果有家长错过了这个阶段，也不需要着急，进行正确的引导，或者配合老师的教学，孩子的识字量会以非常惊人的速度增长。

2. 阅读兴趣/动机

自主阅读能力的另一个重要核心因素就是浓厚的阅读兴趣：如果一个孩子认识很多字，但阅读兴趣不够或根本不想读书，也是无法养成"自己主动读书"的习惯的。有关阅读动机/兴趣的部分，我会在本节后面讲到。

3. 独立安静的读书角落

给孩子专门的读书角落也非常重要，这代表了一种"郑重其事"的仪式感，也代表了"阅读"这件事的重要性。大家可以查阅前面我们讲家庭阅读环境的时候提到的很多建议。

4. 从孩子感兴趣的主题开始

从孩子感兴趣的主题开始，因为这样孩子更愿意花时间和精力去"克服"自主阅读路上的困难：生词读不懂、句子太长等。另外，熟悉的主题也意味着孩子掌握着更多相关的背景知识，这些背景知识会帮助孩子弱化字词的难度，让孩子更能进行有效的上下文分析和推测。

然而，这个建议看似简单，实则不然。要想找出孩子真正感兴趣的主题，家长需要做到以下几点。

首先，家长得非常了解孩子。一个很少跟孩子进行沟通交流的家长是很难发现孩子的兴趣所在的。家长还得愿意跟孩子一起去挑选书本，看看孩子喜欢哪些主题。

其次，对家长来说，这还意味着得强迫自己去熟悉一个自己原本不熟悉或者不感兴趣的主题。

圈圈4岁的时候开始疯狂迷恋恐龙。只要我们去图书馆借书，他都直奔"恐龙主题区"，但笔者内心暗暗叫苦：我对恐龙毫无研究，又没有兴趣，那些恐龙复杂冗长的名字简直是我的噩梦，因此我内心是不愿意借恐龙绘本的。

但笔者深知阅读如果能从孩子喜欢的主题开始，对他来说意义十分重大。于是笔者会找一本简单的恐龙科普书，大概了解了常见恐龙的名称和特质，以便让之后的讨论有话可说；另外，笔者让圈圈借了多本恐龙绘本回家，研读完之后，笔者发现绝大多数恐龙绘本是拿恐龙当作故事的主角，实际内容也很有趣，对喜欢恐龙的孩子来说代入感很强。

因此，建议家长们不要对某一主题产生偏见，鼓励孩子多接触不同主题类型，以达到帮助他们自主阅读的目的。

5. 学会在孩子阅读的时候"不指手画脚"

"不指手画脚"，就是在孩子阅读的时候不要太过"殷切"地询问或干涉："你在读什么呀？""这个字你认不认识？""换本书读吧，这本读了好久了！"这样一定会破坏孩子自主阅读的专注力。

6. 换个环境读书

如果孩子一直是在家读书，我们不妨偶尔给孩子换个读书的环境，比如图书馆、安静的书店、咖啡馆等。你可以和孩子一人挑一本书，安静地阅读。换个环境会让身心有新鲜的感受，也可以让孩子被周围人读书的氛围感染。

7. 学会"任务型"阅读

很多家长会有一个误区，认为阅读只是语文课的任务。其实，孩子自主阅读能力的培养，体现在生活的方方面面。

当孩子面对一道数学题的时候，他在阅读；

当孩子在饭店浏览菜单的时候，他在阅读；

当你鼓励孩子在地铁站自助售票机上选择路线购票的时候，他在阅读；

……

生活中处处有阅读，其他学科也处处有阅读：这些不仅仅是以"学习"为目的的阅读，而是"任务型"阅读。

研究表明，任务型教学法会让孩子的学习动机更强，学习效率更高，因为这会让孩子把所学内容和"解决生活中的实际问题"联系起来：理解题意，可以解出一道数学题；浏览菜单，可以吃到最喜欢吃的菜；阅读线路名称，可以顺利到达目的地。实用的目的性可以让孩子更加专注、更加愿意阅读，自主阅读能力提升更快。

因此，生活中如果有和上述"与阅读联系紧密"的任务，不妨多让他们尝试。

七、用慢阅读让孩子收获翻几倍

在当今的快速社会，慢阅读的能力非常重要。

前段时间笔者在图书馆找到一本书，书里面是很多英美当代畅销儿童作家的回忆录，主要是回忆自己是怎么走上作家道路的。然后笔者发现一个共性：很多作家都提到了"慢阅读"对自己阅读习惯和写作能力的正面影响。

但是，非常遗憾的是，当代儿童的慢阅读锻炼太少，因为这是一个快阅读的时代，慢阅读这种对儿童非常有益的活动逐渐不受重视。

联合国大学的英文教授托马斯·纽柯克是认识到这种消极现象的一位教育家。越来越多的教育学者发现，现在儿童的阅读弥漫着一种"数量竞赛"的风气，导致很多核心能力丧失。

托马斯举例说，现在的现象就是，学校把阅读量当作了一种比赛，比如美国甚至有一种极端的比赛：比一分钟之内孩子能阅读多少个字。

因此这就导致了个错误观点：只要读得快，就是读得好。包括家长和学校，都这么想，也这么做。

"慢阅读"这个概念，最开始是德国哲学家尼采在他1887年的著作《拂晓》里提倡的。不难想象，慢阅读和哲学思辨力是有一定联系的。

之后，1994年，美国散文作家和文学批评家斯文·伯克茨编写了《古腾堡挽歌》（The Gutenberg Elegies）。在书中他写道："只有深度的慢阅读才可以让读者完全领会作者的含义，并达到一种长期的治愈效果。"

那么，现在为何大家都没有慢阅读这个概念了？教育体系的要求是一方面，另一方面，主要是父母们本身已经不会慢阅读了。德国科学家们的实验显示，成人平均浏览一个网页的时间是8—10秒钟。

尼尔森和他的团队用了200多只迷你相机来追踪成人阅读的眼球移动速率，发现了一个普遍的F形规律：人们先看文本上面的内容，然后竖着往下浏览，中间再横着看一两行，然后竖着往下浏览，结束。

这样的阅读方式影响着成人阅读的心理体验，也影响着大人传递给儿童的阅读理念。比如，有些妈妈承认，自己给孩子读绘本时也经常心浮气躁，觉得一句一句给孩子读实在太慢了。

慢阅读的能力需要系统训练，因为它非常锻炼孩子的其他能力。以下，笔者整理出一个系统的锻炼方法，家长们可以按照这个步骤尝试：

（1）一开始，跟孩子一起仔细阅读一本内容较少、主题较明确的童书。一句一句阅读，速度放慢。

（2）读完之后，问问孩子这本书讲了什么。这个时候，要孩子用自己的语言简单说明，越简单越概括越好。

（3）几天之后，跟孩子再谈起这本书。此时不要把书拿出来，而要引导孩子仔细回忆故事的细节，描述得越具体越好。情境、人物心理、表情，甚至图画上的细节。

（4）孩子想不起来的地方，家长要提醒他一些关键的名词、形容词、动词、连接词。

（5）此时你已经对这本书滚瓜烂熟了，再过几日，请你挑出来几个你觉得应该让孩子掌握的词。在具体的、真实的情境中，让孩子进行联想和创造。举例，前段时间笔者给麦、圈讲了《蚌姑娘》的故事，里面有一个词是"圈套"，笔者讲的时候仔细解释了这个词。后来有一次，圈圈让麦麦去玩变形金刚，然后悄悄藏起他的蜡笔逗他。笔者提醒麦麦：你觉得这是什么？麦麦说：圈套！

（6）在绘本中挑出两类让孩子运用的词，一类是他们生活中能用到的词，一类是更高级的抽象词汇。

（7）之后，再打开这本书，边讲边问也可讲完再问，找出书中某些地方提问，让孩子提出替代方案，或者接着结尾让他往下说，进行续编。编个两三句也可以，你也可以跟他一起编。

如此下来，你可以给孩子培养的能力是：准确的概括能力、完备的记忆能力、分析能力、生动的描述能力、创造能力。

笔者的建议：我们一周只让孩子（或鼓励孩子自己读）慢阅读一本书（简单的绘本、寓言、科普、小说）。这样一年就是完整的52本书，52次慢阅读训练。

这个细水长流的慢阅读训练节奏，家长不累，孩子也好吸收、消化。这样可以把孩子的慢阅读能力提到一个更有意义的高度。

第四章 | 如何让孩子
自然而然地开始写作

对绝大多数孩子来说，听说总是不费吹灰之力的，因为这是人类天生最原始的能力；但阅读和写作的能力，却是伴随着文字的发展和文明的崛起才出现的。不过，相对写作，阅读要更容易掌握一些，因为阅读仅仅是相对"被动"的输入，而写作要包含的是"主动"的输出。

写作是需要终身学习的，不管写作语言是不是你的母语，不管你的年龄有多大。但是，如果我们能抓住孩子6—10岁的写作萌芽期，会给他们未来的写作能力奠定非常良好的基础。

一、通过写出"自己想说的话"练习

（一）字、词、句的熟练运用

字、词、句的熟练运用，包括了熟练握笔写字的能力和用笔写出"自己想说的话"的能力。我们一一来说。

1. 写作的"硬"实力

《义务教育语文课程标准》（2011年版）指出，"识字、写字是阅读和写作的基础"，因此我们必须每天都让孩子练习写字和写词。

在孩子6岁之前的一段时间里，家长最好每天让孩子用田字格练习汉字描红，每天一个字就可以。6岁之后，写字依然是非常必要的写作练习。此时，我们可以把练字逐渐分为两个步骤进行：依然重视田字格练字，但在这个基础上逐渐学习脱离田字格写字。

田字格是一个非常稳定可靠的框架，可以帮助孩子掌握汉字的间架结构，不至于写得歪歪扭扭。最开始我们不用给孩子设定时间，一页字写多久都可以，重点在于观察孩子写字的专注状况。假如孩子足够专注，那么即使写得慢一点儿也是可以接受的。

一段时间之后（比如3—4个月之后），我们可以简单记录一下孩子的写字用时。你可以根据孩子之前的写字时长来设定一个目标时间，比如，假设之前孩子写一页字需要10分钟，而你觉得他可以适当加快速度，那么你可以把目标时间定为8分钟。

田字格写字的练习要多久后才可以停止？其实并没有一个明确的界定，但在小学三四年级之前，大部分孩子还是需要用田字格来进行辅助。不过，在田字格练习比较熟练之后，我们每周可以隔一两天让孩子在白纸上或线条纸上写几个字，使其逐渐适应。

无论是田字格还是白纸练习，写字的顺序都是从简单的字词到中等难度的字词，再到复杂的字词、短语、句子。大家也可以购买一些儿童书法练字贴，这样孩子不但可以练字，也可以学习到新词、新句，提升积累词语、句子的能力，一举两得。

写字的时候还有什么要注意呢？家长应该主要注意合适的灯光、孩子正确的握笔姿势、正确的坐姿和合理的休息时间。

合适的灯光亮度可以有效保护孩子的眼睛，太刺眼的阳光或太昏暗的灯光都不太适合孩子读书学习。

正确的握笔姿势如图2所示。

为什么我们要强调正确的握笔姿势？因为如果握笔姿势有问题，有可能会遮挡所写文字和光线，对视力非常不好；另外，握笔姿势不对的话，写字往往就会很累很慢，导致孩子写作业越来越慢，越来越有畏难情绪。

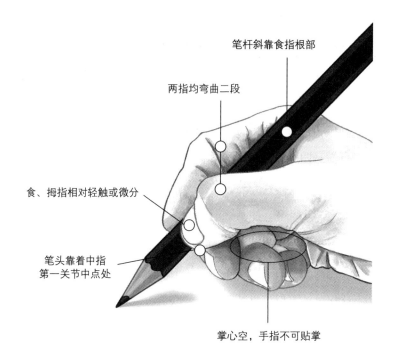

笔杆斜靠食指根部

两指均弯曲二段

食、拇指相对轻触或微分

笔头靠着中指
第一关节中点处

掌心空，手指不可贴掌

图2　正确的握笔姿势

如果最开始孩子不会握笔或握笔不够正确，除了直接纠正之外，还有一个办法就是让孩子在掌心中间握一个小纸团，这样可以帮助孩子的手指减轻一些压力。

除了正确的握笔姿势，正确的坐姿也非常重要。通常来说，正确的坐姿如图3所示。

另外，很多家长会问：目前市面上有很多坐姿矫正器，需不需要购买？

图3　正确的坐姿

坐姿矫正器的原理是利用外力的作用，让孩子被动挺直身体。这种坐姿矫正器在一定程度上可以起到纠正孩子不正确坐姿的作用，但我们无法判断孩子是完全"倚靠"在矫正器上坐直的，还是依靠自己的肌肉力量坐直的。因此，有可能一旦不使用之后，孩子的坐姿还是会被打回原形。

因此，坐姿矫正器可以适当使用，但不能完全依赖。我们还是要时刻提醒孩子多依靠自己的力量来端正坐姿，不断告诉孩子坐姿正确的重要性，同时每次写作业或写字的时间不宜过长，以免过度劳累。

2. 写作的"软"实力

那么，如何写出自己原创的文字和句子呢？其实，在识字量足够的前提下，最重要的是"脑中有东西"。很多孩子不是写不出来，而是"无话可说"。

（二）知识和规则

在熟练运用字、词、句的基础上，基础写作能力的养成还要依赖于孩子对语言知识和规则的掌握。通常来说，语言的知识规则是掌握写作能力的基础。熟练掌握知识规则的孩子就会在写作中游刃有余。

孩子的6年小学阶段非常重要，因为6年的语文学习会给孩子打下语法的基础。小学阶段语法学习的内容已经相当不少了，但最重要的是哪几个方面呢？

（1）在写作和说话中，不犯基本的语法错误。比如，在使用集合名词和个体名词时，不会犯错（比如组、队伍）；知道什么时候使用反身代词（我自己、我们自己）；会正确地使用形容词和副词。

（2）在元语言认知能力的基础上，能够分析句子成分。了解名词、代词、动词、形容词和副词的一般功能和在特定句子中的功能。

（3）会使用抽象名词。例如，"勇气很重要！"

（4）对基础的标点符号有正确的掌握。比如句号、逗号、问号、感叹号、引号、冒号、顿号的用法。标点符号的正确使用是写作能力的重要一环，但不少家长并不是非常重视。其实用对了标点（特别是用标点断句、用标点表达情感），写作往往可以事半功倍，也更能被读者所理解。

掌握了以上四点之后，孩子基本上可以写出比较完整、准确的单句了。甚至有的孩子可以慢慢写出比较完整的复合句。除此之外，还有一个重要的方面，是"尽量减少错别字"。一篇好的作文或小短文，即使标点符号和语法都正确，但错别字满篇，也不能说是一篇好文章。因此，在孩子小学阶段，家长们检查孩子作业的时候（无论是哪一个科目的作业），一旦孩子出现错别字，就需要让孩子立刻改正过来。笔者建议孩子们人手一本错字本，把所有写错的字都誊抄在本子上，经常复习一下。

掌握了基础的写作能力后，有些家长可能要问：6—12岁的孩子还可以在这个基础上拔高一些吗？还有没有其他可以让他们的写作表达更地道、更熟练的方法？下面，我们就来讲讲高阶的写作能力。

二、从单句到能写出完整篇章

在单句写作的基础上，高阶写作能力可以这样提升：先进行句子拓展，然后练习段落写作，最后尝试完整篇章的写作。

（一）句子拓展

什么是句子拓展？其实它有两个层面的含义，一是拓展词的描述，二是把一个句子拓展成复合句。

什么叫拓展词呢？比如把单独的词"小男孩"拓展为"背书包的小男孩"，把"爬树"拓展为"爬上一棵高高的大树"，或加上地点"在公园爬上一棵树"等。因此，拓展词的能力其实也就是用生动准确的形容词来拓展名词，或者在句子中添加一些时间、地点的补足语。

拓展复合句，其实就是在两个单独的句子之间找出内在联系。比如，孩子说"我想吃饭"，然后又说"我饿了"。其实这两个句子之间的联系是"我想吃饭，因为我饿了"。这就把两个单句拓展成了一个有逻辑关联的复合句。有逻辑关联的复合句是叙述故事的核心：每个故事内容都是由一个个这样的复合句构成起承转合的。

平常在生活中我们应该怎么训练孩子在单句里进行词语拓展的能力呢？

一个最简单的方法就是"单图看图说话"。比如，给孩子一张图或照片或绘本里的图画，让他简单描述在画面上看到了什么。假如孩子简单地说"小女孩在放风筝"，我们可以问他"小女孩的头发是什么样的？""小女孩穿着什么衣服？""小女孩在哪里放风筝？""小女孩跟谁一起放风筝？""小女孩的心情是怎么样的？"等。这样孩子就可以写出很多拓展词语及由其构成的句子，表达会变得非常生动。多次练习之后，孩子就会自然而然地开始注意到这些生动的拓展词了。

至于复合句的拓展方法，需要引导孩子了解一些基本的逻辑关系，比如因果关系、假设关系、并列关系、转折关系等。这就要求家长要非常注意孩子在生活中的逻辑表达能力。比如，当孩子在表达自己的诉求的时候，最好问孩子一句"为什么"，这样孩子就可以在生活中建立因果关系的概念。在真正写的时候，"单图看图说话"的句子也可以拓展为复合句。比如，当孩子写出"小女孩在放风筝"这句话后，我们可以问："你觉得小女孩为什么来放风筝？"孩子可能会说："因为天气很好。"然后，我们就可以鼓励孩子把这两个句子拓展为一个复合句，并写出来：

"因为天气好，所以小女孩来公园放风筝。"

写完之后，我们再让孩子把连接词勾画出来，让他注意到"因为……所以"这个连接词，以后反复运用几次，他就能熟练掌握了。

（二）段落写作

从写词到写句子是一个了不起的飞跃；从写句子到将其拓展为一个

"意义完整"的段落，则是另一个飞跃。在小学课堂上，老师会进行正式的讲解和练习；但段落写作最重要的是不断练习，因此这就需要我们在家给孩子提供一些段落写作的机会。

其实，跟句子写作一样，我们可以在家给孩子多找一些"三图"或"四图"小故事，如图4所示。

图4　段落写作素材

显然，这是一副《看图说话》或《看图写作文》的素材。但我们最开始可以让孩子用多图小故事练习段落写作。笔者给学生设计课程的时候，教学方法一般是这样的：

（1）仔细观察每幅图，确定图里的故事人物都是谁。

三幅图里的故事人物：小女孩。

（2）观察前后画面有什么不同（人物做的事有什么不同？画面有哪些变化？），单独描述每幅图（人物、地点、事件）。

第一幅：公园里，小女孩拿着皮球跑。

第二幅：小女孩的皮球掉进了泥坑里，她的裤子也脏了。

第三幅：回家后，小女孩把脏裤子放进洗衣机，把小皮球放在水龙头底下清洗。

（3）推测这种变化的联系，把前后画面用合理的连接词联系起来。

上述三句话之间没有合理的连接词，我们可以添加一些连接词，使其变成一个前后有关联的一段话：

小女孩拿着皮球跑。但是，她的皮球突然掉进了泥坑里，裤子也脏了。因此，小女孩把脏裤子放进洗衣机，把小皮球放在水龙头底下清洗。

（4）发挥合理想象，丰富语言，完整进行表达（高阶要求）。

再次观察画面并合理想象，添加一些形容词或者表达心情的词汇，丰富这个故事。比如：

一个穿着红上衣和蓝色裤子的小女孩拿着新买的皮球在公园玩，她开心极了。可是，突然皮球掉进了一个大泥坑里，变得脏兮兮的，她的裤子和鞋也脏了。她很喜欢自己的皮球和裤子，因此她马上跑回家，把脏裤子放进洗衣机，把小皮球放在水龙头下面清洗。这下很快就干净啦！小女孩的心情又好了起来！

注意：在最开始进行训练的时候，孩子们可能没法写出比较生动的段落，因此我们最开始只要求孩子写出一个完整的、有连接词联系的段落即可；等孩子写出之后，我们再跟孩子一起添加形容词，把段落变得生动有趣。

这样的训练我们可以每周进行一两次。

（三）完整篇章

完成完整篇章的能力，大概在小学中高年级之后才会进行系统的训练。很多孩子总觉得写一篇完整的作文非常难，其实我们也是有办法进行练习的。

篇章的种类很多：记叙文、说明文、议论文等，它们各自的结构和要求都不一样。但对6—10岁的孩子来说，最合适的篇章练习就是日记练写。写日记不仅可以帮助孩子锻炼写作能力，还能帮他们筛选一天中最重要的事情，学会有重点地进行选择和描述。

那么，怎么样鼓励中低年级的孩子写日记呢？笔者一般比较鼓励家长们选择"重点日记"的方法。但是，写日记就是把自己一天所经历的所有事情全都无差别地记录下来，所以容易写成枯燥的流水账。因此，我们可以帮助孩子来梳理一篇"重点日记"。

（1）我们先拿出一张白纸，让孩子把今天发生的所有事情按先后顺序写下来。

比如，

早上：起床、穿衣服、刷牙洗脸、吃早饭

上午：第一次去游泳班学习游泳

中午：吃午饭、睡午觉

下午：看电视、遛狗

晚上：吃晚饭、做作业、洗澡、脱衣服、睡觉

（2）让孩子仔细观察上面所有的事，并选取最有趣或最难忘或最有意义的一两件事。然后仔细问问他当时发生了什么。

比如，爸爸问孩子："你第一次学习游泳的时候，发生了什么事呢？"

孩子一听这个可高兴了："发生了好多事呢！我第一次学游泳，连游泳眼镜都不会戴，还是妈妈帮助我戴好的；教练让我憋气，我根本不敢，还哭了一会儿，后来教练和其他同学鼓励我，我才鼓起勇气尝试了一下，没想到呛了一大口水；不过我终于敢憋气了，后来练习了好几次，一次比一次好……"

（3）鼓励孩子按照日记框架把内容写进去。

比如，

×年×月×日　星期（　）天气：

第一段指出自己最想写的事：

今天是周六，我第一次（　　）。

第二段详细描述：

吃完早饭后，妈妈就带我去上游泳课。这是我第一次上游泳课，我心里（　　　）。最开始我笨手笨脚的，连（　　）都戴不好。还是（　　）帮我的。

教练让我练习憋气，我（ ）；但是（ ）鼓励我，我就鼓起勇气（ ）；没想到（ ）。不过我还是很高兴，因为我终于学会（ ）了。

第三段总结升华心情：

今天是我第一次学习游泳，虽然我最开始有点害怕，但我战胜了恐惧，我为自己骄傲！

注意：最开始就一定要让孩子摒弃"日记流水账"的写法，反复训练重点日记，孩子就能够掌握好最基础的"总分总"篇章写法了。

三、三大软技能的刻意练习

（一）清晰写出事实和观点

从上小学开始，我们应该逐渐让孩子学会判断阅读中的事实和观点，同时在自己的写作中也穿插事实和观点。那么，如何在写作中训练这种能力呢？下面有一些简单易行的方法：

尝试让孩子自己随便写几个句子，然后跟父母一起分辨其是事实还是观点。

鼓励孩子写一个只关于事实的句子，然后跟父母一起分辨其是不是事实，里面有没有观点。如果有的话，改写它，直到这句话中只有事实为止。

比如，孩子写了这样一句话："我有一个可爱的妹妹。"实际上这句话里包含了观点"可爱的"和事实"我有一个妹妹"。那么，我们可以让孩子把它改成一句纯事实的句子："我有一个妹妹。"

鼓励孩子写一个只关于观点的句子，然后跟父母一起分辨其是不是观点。

父母自己写或者找一些有关事实的简单句，让孩子在这句话的基础上，写出自己的观点；反之亦然。

比如，父母找了这样一句话："地球是圆的。"这是一个既定的事实，那么孩子可以这样写："地球是圆的，它很美丽。"后半部分就是观点。

鼓励孩子写一篇日记。写完之后，让孩子自己检查，挑出里面有关事实的句子和有关观点的句子。假如事实较少，就让孩子尝试修改这篇日记，增添一些事实；假如观点较少，就让孩子增添一些观点。

以上的小练习并不难，可以跟孩子经常做。不久之后，孩子就会对事实和观点有很清晰的认识了。

（二）在写作中运用修辞手法

写作能力的高低可以体现在很多方面，但其中一个很重要的方面就是修辞手法的运用。修辞可以让孩子的文字生动有趣。一般来说，最重要的修辞手法就是比喻，另外就是夸张和拟人。在这个年龄段，掌握这几种基本修辞手法就够用了。

比喻，就是打比方，是用具体的、浅显的、熟悉的、形象鲜明的事物去说明或描写抽象的、深奥的事物。这样可以把事物的形象描写得更生动、具体。打比方的双方要有共同特征。比如，她那红润的脸蛋犹如盛开的梨花。

拟人，是借助想象力，把事物当作人来写。即赋予它们人的言行、思想、感情等。比如，春天，蝴蝶在花丛中翩翩起舞。

夸张，是对描写的事物有意识地加以夸大或缩小，以突出事物的特征，表达作者的感情，引起读者的联想，加深印象。比如，"危楼高百尺，手可摘星辰"。

在学校里，老师通常都会给孩子专门讲解修辞手法的用法，进行修辞手法的专项练习。作为父母，我们可以这样帮助孩子尝试在写作中使用修辞手法：

首先，我们可以从孩子以前的作文中找出一些描述类的句子，鼓励孩子添加一些简单的比喻词。因为孩子以前写的作文都是他们比较熟悉的话题，容易产生共鸣，也比较容易找到有联系的词。如果孩子找不到，可以直接问："你觉得你写的××像什么呀？"孩子总能找到一些形象词的。

其次，我们可以在平常多进行一些关于修辞手法的小游戏（见第三章），如果孩子口头说出了一些修辞句子，就鼓励他们把这些句子写下来。日积月累，孩子的修辞手法会越用越熟练。

最后，让孩子在下一次写作文的时候提醒自己要多写几个比喻句、夸张句等。有了修辞意识，加上联想能力，不愁孩子不会写！

（三）儿童的故事创作灵感

那么，怎样有话可说、脑中有灵感可写呢？有一个简单的方法，可以让孩子从小发现创作故事的灵感。

英国有一位笔者非常喜欢的作家，尼尔·盖曼被誉为罗琳之后最伟大的作家，他的作品《鬼妈妈》是笔者超级喜欢的童书。在给孩子们写了很多儿童文学作品的同时，他也在"大师课堂"（Master Class）上开设了一门创意写作课。

其中一节课讲到了他的灵感来源。他讲到的一点很有趣：他从小就有一种天赋，就是很爱在头脑中颠覆那些耳熟能详的童话故事。比如，他讲到了白雪公主的故事这个例子。

大概2—3岁的时候，他的妈妈就给他讲白雪公主的故事。此后不断接触到各种不同版本的白雪公主的故事，但是内核都是一样的：王子和公主是善良的，最后齐心合力打败了坏皇后。尼尔觉得很无趣，然后就开始仔细研究这个童话，越研究越觉得奇怪：这个王子好奇怪，为什么突然会对一口棺材产生兴趣？这个公主也很奇怪，什么样的人会皮肤跟雪一样白，嘴唇跟血一样红？这样挺可怕的啊。

然后，年幼的他就自己颠覆了白雪公主的内核。他给家人讲了一个白雪公主的故事，在这个故事里，皇后是唯一的好人，白雪公主和王子都是危险的吸血鬼，皇后追杀她的唯一原因是想解救整个王国。

第一个灵感：颠覆经典作品

尼尔属于本身就有颠覆原作想法的人，但即使是没有这种想法，如果父母对孩子经常进行这样的刻意练习，孩子也完全可以成为一名小创作者。

所有你给孩子讲过的故事都可以拿来颠覆，比如在孩子睡前，你自己可以先想想，哪些讲过的故事是你不满意的，那么你就可以跟孩子说："要不我们一起来改编一下这个故事。"

比如，关于小红帽的故事，你可以说，小红帽的外婆其实本身就是坏人变的，大灰狼是善良的，为了阻止小红帽羊入虎口，他率先去外婆家探路。

然后，后面的内容让孩子帮你编。

哪怕各种不合理也无所谓。这个时候，暂且不对故事合理性作要求，足够颠覆即可。脑洞越大越好。

第二个灵感：想象周围人的故事

第二个灵感来源，是想象周围人的故事。比如在地铁站和咖啡馆遇到了形形色色的人，他会观察他们的穿着谈吐，设想某个人的故事。他随身会带着一本笔记本，潦草地记录下周围人一些有趣的对话，然后回家再拓展成有趣的小故事。

所以，如果带孩子出去散步，随意看到什么人，你可以引导孩子，让孩子猜猜：这个人是什么职业？他为什么要来这里？他的包里可能装着什么东西？（当然不要被对方听见和注意到，礼貌还是很重要的！）

等孩子长大一点后，就可以让其通过生活中观察到的人物，拓展一个3分钟小故事了。

第三个灵感：建立不相干物品的联想

第三个灵感，是将两个风马牛不相及的东西通过某种方式结合起来。比如狼人和椅子，这两种东西没什么关系，但是你可以大胆想象一下：狼人要是咬了椅子，这个椅子会不会变成狼椅？然后变得长出毫毛和利齿，动起来之后，给你家带来一场骚乱？如果狼人咬了金鱼又会怎样？咬了一头真正的狼呢？

然后把前因后果搭建起来，可能就会产生一篇很了不起的通话故事了！

孩子当然都是有创作力的，其实我们只需要用一些小技巧来推动他们产生灵感，然后给他们提供随时随地讲故事的条件，说不定你家里就会诞生一个小作家了。

而创作本身就是对语言的练习和运用，每个孩子都可以成为语言大师。

四、七大常见体裁的写作技巧

以目前最新的儿童写作研究来看，一名儿童在小学毕业之前，应该掌握15种写作体裁，其中至少2/3需要熟练掌握，1/3需要初步掌握。

然而可惜的是，国内的小学语文新课标和市面上的大部分语文教学材料，并没有囊括小学阶段应该初步掌握的这15种写作体裁。

通常情况下，我们可以粗略地把小学阶段的儿童写作分为以下四类：

·叙事类写作（1—3年级）。

·描写类写作（1—3年级）。

·说明类写作（4年级＋）。

·观点类写作（4年级＋）。

不过，这四类写作的区分太过粗略，概念划分不清，常常让人很困惑。因此，我们这本书用15种具体的体裁划分，每个体裁又细分为更小的种类，这样便一目了然。笔者依据这15种体裁整理编写了以下的内容，每个体裁都包含它的核心要点，家长或老师应该提醒孩子注意该题材写作的注意事项，需要掌握的技能，以及不同年级阶段可以尝试的体裁。以下是6—10岁阶段需要掌握的7种写作体裁。10—12岁阶段的体裁在后面会讲到。

1. 虚构叙事类写作

表7　虚构叙事类写作要点

核心要点	提醒事项	题材举例	必备技能	适合阶段
基本的故事结构、人物、行为、矛盾的出现与解决	人物有特色；情节要让人难忘，要有出其不意的事件；应该使用对话	故事创作	对亲身经历的事件和阅读过的故事能进行创作和再创作；了解故事结构、故事语言	1—6年级
		故事重写		1—6年级
		剧本写作	熟悉剧本结构	4—6年级

这一类是孩子在进入小学后应该首先掌握的写作体裁。它的初始形式是口头作文，包括口头的故事复述、故事改编，以及和家长之间的日常提问、回答和对话。这种口头作文是学龄前的儿童应该着重培养的能力。从3岁开始，我们就应该鼓励孩子讲故事，说故事，"质疑"经典故事的结尾，以及让孩子解释自己的画作。很多家长仅仅着重于给孩子进行大量的绘本输入，却几乎完全忽视了锻炼儿童的口头输出表达能力。笔者的建议是，至少每周让孩子给你讲两个口头故事，你可以从旁辅助一些关键的词汇和情节。4岁以后，我们应该鼓励孩子看图讲故事，并给孩子教授基本的故事结构。1年级之后，我们可以开始对孩子进行人物、情节、开头、结尾、环境、对话等方面创设的专题训练，而不仅仅只着重于描述一个简单的整体故事。家长应该注意的是，好故事不在于长度，而在于难忘度。而难忘度既需要创造力，也需要词汇的深度和广度，这个是只有家长们才

能为孩子在生活中创造的，学校的语文学习是难以达到的。

2. 非虚构叙事类写作

表8　非虚构叙事类写作要点

核心要点	提醒事项	题材举例	必备技能	适合阶段
对经历的理解；会使用第三人称叙事；会使用非人格化叙事；会进行自我评价；会使用第一人称叙事；熟悉叙事顺序	从第一手和第二手来源中获取信息；清晰地回忆自己的经历	传记	第三人称叙事；资料查找能力；重点选择能力	3—6年级
		自传，在6年级时，尝试给自己写一本小学生自传，总结自己的小学时代	可准确安排事件发生的顺序；第一人称叙事	6年级

非虚构叙事类写作指的是以故事的手法来叙述真实发生的事情。主要的形式是人物传记、回忆录、自传等。在孩子入学前，我们可以给孩子多找一些有趣的人物传记绘本来阅读，让孩子理解人物传记的形式和内容。对学龄前儿童来说，目前笔者能找到的最优秀、最全面的人物传记是弗朗西斯·林肯儿童出版社的"小人物大梦想"系列。小学之后，我们也应该鼓励孩子多阅读人物传记和自传类图书。传记的写作需要孩子区分"事实"与"观点"，所以我们可以在孩子阅读人物传记的时候，找出一些片段，和孩子一起分析哪部分是发生在人物身上的事实，哪部分是传记作者的观点，并学习作者是如何流畅地把事实和观点结合在一起的。这种写作手法还需要孩子们掌握第三人称叙事和时间顺序写作。另外一个不能忽视的能力就是资料查找能力。从小学三年级开始，我们应该协助孩子使用互联网搜索引擎和图书馆来查找人物资料，然后选择重点让孩子口头展示或

写一篇关于该人物的短文，以后随孩子长大逐渐加深难度。六年级前，孩子应该至少写出一篇1000字左右的、格式正确、有完整结构、包含事实和观点的人物传记。

3. 散文类写作

表9　散文类写作要点

核心要点	提醒事项	题材举例	必备技能	适合阶段
文艺性；篇幅短小；形式松散；情文并茂	情感的融入；不拘泥于任何写法，但仍然要有全文主旨	散文，可融合叙事、抒情、写景	落笔前需仔细思考本篇散文的目的与核心，会运用丰富的修辞手法	1—6年级
		散文诗		4—6年级

散文，顾名思义，一篇文章中可涵盖非常多的体裁：叙事、描写、议论、分析，甚至诗文。散文可能是最适合从一年级就开始锻炼的一种写法，因为它既不拘泥于素材，也不限制篇幅，而且孩子生活中的任何一件事情都可以成为抒发的要素。最合适孩子进行散文写作的突破口就是随记本。不同于流水账般的简要日记，我们可以鼓励孩子把日记拓展为随记，不需要面面俱到地记录一天内发生的事儿，而可以着眼于一个点，进行描写，抒发感情。儿童写散文比较忌讳的是无病呻吟、堆砌辞藻，因此"儿童亲身经历的事件+朴实自然的用语"非常重要。如果只在家里看电视、写作业，很少多体验不同的生活场景，不能多了解不同的人物，所写的散文是很难打动人的。如果要写出朴实自然的用语，孩子必须要多读好的散文作品，在低龄阶段可以模仿自己喜欢的作家的风格。在此不推荐散文作家，只需一个原则，即要"丰富"。不仅要读经典文学家的散文，也要读

当代作家的散文；不仅要读大陆作家的散文，也要读港澳台作家的散文。如果不知道哪些作家你会比较喜欢，中信出版社出版的、北岛选编的《给孩子的散文》可以作为一本参考，里面选编了很多经典散文，非常适合跟孩子共读，然后按图索骥，根据孩子的兴趣，再去寻找这本书里提到的作家的其他作品。

4. 书信类写作

表10　书信类写作要点

核心要点	提醒事项	题材举例	必备技能	适合阶段
事务处理类交流；第一人称交流，正式书信可能会用到第三人称、主动/被动语态	个人书信可能需要叙事类写作能力的支撑	个人书信	必须学会将内容和风格结合起来	1—6年级
	正式书信需要考虑写信目的和收信人身份	正式书信	必须有"措辞"的概念	4—6年级

书信类写作应该从个人书信开始写起。因为个人书信是真实化写作的一种，所以是对孩子最有用、也最能让孩子感兴趣的一种写作。5岁开始就可以让孩子锻炼书信写作，比如写信给爷爷奶奶，或者旅游时给好朋友写明信片。如果想在孩子不会写字之前开始也是可以的，此时可以让孩子口述，父母把孩子说的话写在纸上，写完之后跟孩子一起读他写的话。看到自己说的话变成了具体的文字，他们会很兴奋的。入学之后，我们可以鼓励孩子交笔友，每周写一封信。比如，双语群的孩子们长大之后，可以组织一个同龄学习小组，让国内和国外的华人孩子用中英文写信给对方，互相修改对方的语言错误。高年级的孩子可以开始写正式的书信了，最开

始的正式书信可以用模拟形式来演练，类似雅思G类小作文的形式，我们设定投诉、申请、沟通、感谢等情景，让孩子根据不同的情景写信。此时需要孩子根据收信人的身份和写信目的掌握语气和措辞。之后可以逐渐过渡到真实的正式书信，例如生日邀请函、旅游时跟酒店的沟通信函等，都可以让孩子来写。

5. 描写类写作

表11　描写类写作要点

核心要点	提醒事项	题材举例	必备技能	适合阶段
非虚构；需要认识到描写物体的本质和需要描写的细节，描写需要准确	提醒孩子写作时只描写要求的内容，不写过多的无关内容；准确使用形容词和副词；熟悉感官词汇	特点描述	能准确使用形容词、副词、动词；了解特定领域的术语；能区分事物间的相同与不同之处	1—6年级
		情景设定		4—6年级
		物体描写		1—6年级
		分类		3—6年级

描写文的种类很宽泛，任何有特点和特性的物体、人物、情景等，都可以是孩子描写的对象。关于描写，有两点最重要的要求：准确和生动。只准确不生动，没人想看；只生动不准确，又无法给读者传递有用的信息。要做到用词准确，需要孩子仔细观察，随时记录。因此需要给孩子买一个质量好点的随身笔记本，可以让孩子随时记点儿东西。另外，给孩子买一个高分辨率的儿童相机也是很好的主意（家长不要代替拍摄）。如果带孩子去野外踏青，你可以鼓励他拍下自己感兴趣的景物，回家之后参考照片进行详细的描写。生动表达是相对比较难的，小技巧有两个：一个是用各种感官词汇形容同一种事物（如果你要描述一朵花，除了描述颜色，

也要描述触觉、气味等）；另一个就是多用修辞，如比喻、拟人等。当然，生动表达是一个长期熏陶的过程，是和大量的阅读分不开的。

6. 说明类写作

表12　说明类写作要点

核心要点	提醒事项	题材举例	必备技能	适合阶段
说明必须有清楚的步骤，因此必须在文中体现出顺序；说明必须清楚明晰	用词须简练准确；可以使用要点形式和数字标题	说明书	能够考虑到读者人群、年龄和受教育程度；作者本人必须清楚要说明的内容；掌握初步的说明结构	3—6年级
		说明文（如解释雨的形成）		4—6年级

说明类文本的写作属于"性价比"非常高的写作体裁，因为它可以同时表示理解和表达，同时锻炼输入与输出能力。说明类写作包括各种有步骤的指导内容，比如使用说明、解题步骤、安装说明、菜谱等。写作前提是孩子必须首先自己会做，才能指导他人，因此理解是第一位的，最好可以先亲自动手。和劝导类写作相反，此类文本不需要任何华丽的辞藻修饰，应力求精简准确。说明类文本的受众应该是大众群体，因此用词尽量通俗易懂，不要有太多专业术语。如果有专业术语，必须给出注释或解释。说明类文本的受众如果是孩子，或者有教育背景的人。此时要根据受众的受教育程度调整说明方式。说明类文本如果可以附有插图也是一种非常好的选择。如果想培养孩子说明类文本的写作能力，最好的启蒙方式是让孩子看乐高的安装说明。从4—5岁开始，就可以鼓励孩子看乐高的说明书，理解"分步骤进行"的概念。识字之后，经常跟孩子一起看说明

书,理解说明文的表达和意义。从3年级开始,可以鼓励孩子独立写出各种说明步骤。

7. 劝导类写作

表13　劝导类写作要点

核心要点	提醒事项	题材举例	必备技能	适合阶段
目的性强,通常是为了促成读者的某个行为;能够激发读者共鸣;会写短小精悍的标语	学会使用情感类、有价值观导向的词汇	平面广告词	了解读者的特点和需求;了解本文的目的;准确使用动词、形容词	5—6年级
		宣传(如班级竞选手册)		4—6年级
		同理心劝导(如环境保护)		3—6年级

　　劝导类写作是"语言促成行动"的体现,它的首要目的是规劝和引导。我们通常可以见到的劝导类文本有宣传手册和广告册。虽然我们平常考试用不到这类题材,但这类写作可用于学习精准的词汇、学会从读者的角度选择措辞,以及学会图片选取、排版此类图文的辅助技能。劝导类写作是一种功能性极强的真实文本写作,文本不长,也没有固定的套路和格式,达到目的即可。此类真实文本写作需要孩子先进行大量的真实文本阅读。我们应该准备一个文件夹或文件箱,把平时收到的各种促销广告页、旅游宣传册和公益宣传单都收集起来,给孩子建立一个真实文本语料库,经常抽出一两个跟孩子一起阅读讨论。比如,"这家理发店的广告做得如何?哪个词用得比较好?你对哪句话印象比较深刻?这份旅游手册是否考

虑了读者的受教育水平和接受程度？配图和措辞是否合适？如果是你，你会做哪些改动？"我们甚至可以让孩子进行原创，重新设计一份广告页。最好给孩子准备一个笔记本，让他记录下自己觉得有趣、有用的广告词和宣传语。

第五章 | 提升读写能力的进阶技能：
从初步到成熟

除了基本的读写训练之外，我们还需要带孩子到大自然中，在大自然中锻炼孩子的感受力，增强孩子的表达能力。并需要在平常的读写活动中对五项读写技巧进行反复训练，让孩子从"初步"的读写能力过渡到更"成熟"的读写能力。

一、五个读写技巧的刻意练习

6—10岁的孩子，正处于"初步"读写能力向"成熟"读写能力过渡的关键期。因此，对其进行读写技巧的反复训练是非常必要的。以下就是几个可以在这一时期进行反复训练的技能。

1. 字典查阅技能

识字量是学习词汇、句子、段落、篇章的基础。从亲子阅读过渡到独立阅读，再过渡到初步的写作，文章中的生词理解起着非常关键的作用。

从小学低年级开始，孩子就会在学校系统学习如何进行字典查阅。一般来说，目前小学生们最常用的字典有《新华字典》《小学生规范字典》《新编小学生字典》《小学生全功能字典》等。

除上述常用字典外，笔者还建议大家在孩子6岁前为其准备一两套"图画字典"，作为正式字典的过渡。

在孩子学会查字典之后，每当孩子在精读文章时遇到不认识的生词，就鼓励他们查阅字典，把生词词条摘录下来，抄写在自己的生词本上，最好在理解之后再用这个词造一个句子。日积月累，会有很大收获。

2. 对文章的上下文联系能力

孩子的阅读能力分为精读能力和泛读能力。精读，就是需要逐字逐句阅读，进行细节理解和把握；至于泛读，孩子需要学会浏览，在短时间内尽可能掌握更多的信息。

在孩子泛读时，我们希望孩子能阅读一些篇幅较长的文章，这样更能训练他们的专注力和快速阅读能力。当然，长文章所带来的一个问题就是会出现更多的生词。而此时孩子应该学会的是如何在"不用每个词都查字典"的前提下，猜测生词的含义，这就需要孩子有一定的上下文联系能力。

举个例子。在读《螳螂捕蝉》这个故事前，孩子们还不知道"捕"是什么意思，但文章这样写道：

"螳螂准备捕蝉了，它高举着像镰刀一样的前臂，悬在蝉的正后方，准备找准时机，就把螳螂用前臂牢牢捉住，让它再也动弹不得。"

孩子并不需要一看到"捕"，就匆匆忙忙去查字典。我们可以鼓励他们再往后读一读，他们就会发现"捉住"这个词，这样前后一联系，"捕"的意思就能得出了。

上下文联系能力需要在不断阅读，不断判断中进行训练，才能越来越熟练。

3. 对简单修辞的理解力

修辞是语言的高级用法，有比喻、拟人、夸张、排比、对偶等。修辞可以让文章表达更生动，对孩子来说非常重要。但是它又特别容易被父母和老师忽略。我们一说起儿童的语言发展，总是第一时间想到双语能力、词汇量、认了多少字、分级阅读完成了多少本，诸如此类。

很多家长不重视孩子"修辞"能力的发展，因为修辞能力一直被认为属于"锦上添花"，毕竟一个不会修辞的人也不影响生活。

但是，这种"锦上添花"的能力，恰恰就是区分孩子间谁的语言能力比较普通和死板，谁的语言能力比较高级和生动的关键标准之一。

修辞指的是词语修饰言论，引申字面含义的艺术手法。通常情况下，我们能用到的修辞有五类。

（1）明喻：生活像一盒巧克力。

（2）暗喻：你是我的玫瑰。

（3）夸张：我今天有一百万件事儿要做！

（4）拟人：闪电在乌云下跳舞。

（5）借代：巾帼不让须眉。（巾帼＝女人；须眉＝男人）

当然，还有很多其他的修辞，如设问、反复、象征等，这个阶段的孩子暂时还用不到。这5种修辞，我们让孩子锻炼的主要是前4种。家长应该有意识地鼓励他们使用修辞手法来生动地表达自己的意思。这样做有如下益处：

（1）帮助孩子认知能力的发育。修辞的一个核心概念就是A概念和B概念的联系。概念的联系是衡量认知能力发展水平的一大标准。举个反例，自闭症儿童是无法理解修辞概念的。如果你说："你真是个小笨猪！"自闭症儿童会认为，他是笨的（当然，我们对任何孩子都不要这么说！）。他们只会理解字面的含义，当然就无法体会引申义了。

（2）帮助孩子为阅读能力打基础。修辞会出现在各种各样的儿童文学

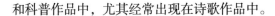

和科普作品中，尤其经常出现在诗歌作品中。

（3）修辞让孩子的语言特别生动有趣。

（4）修辞帮助孩子厘清抽象的概念。

（5）对学英语的孩子来说，提前接触修辞手法也能帮助孩子更好地理解英文。

下面，笔者来总结几个在生活中能让孩子理解并运用修辞的方法。

（1）比喻配对游戏。

整理50张中文卡片，在每张卡片的正面和反面写一组有明显关联的词语。比如，正面写"白云"，反面写"棉花"；或者正面写"蛋黄"，反面写"太阳"之类。

如果孩子认字，就抽出一张卡，让他读这两个词语，然后问他："白云跟棉花像吗？""为什么像？""那么我们可以说，白云像棉花一样软/白/好看。"

如果孩子还不认字，那就直接问他。问完之后，再教他认读"白云"和"棉花"这两个词。这样不但能训练修辞，还兼顾了认字。

到孩子们把明显相关的词都说熟了之后，我们就可以进行更高级的随机配对模式。比如，我们让孩子想出"白云"和"妈妈"之间的比喻关系："那么，白云像妈妈一样——"可能有的孩子会说"白云像妈妈一样好看"，可能有些说得风马牛不相及，但有的时候他们的答案真的特别有趣，虽然很奇怪，但你不需要纠正，因为重要的不是让他们跟我们的想法一样，而是他们感知并表达了关联。

之后，我们还可以玩三词比喻、四词比喻，等到玩得越来越熟练，你就可以拿笔记下来孩子说的比喻句了，2—3句就完全可以作为孩子的口头小诗了。

（2）物体指示游戏。

这个真的是可以随时随地进行的游戏，你可以提前准备，也可以随机应变。比如，让孩子找出家里"像妈妈的怀抱一样温暖"的东西，也许他会找到台灯；让孩子找出"像蓝天一样蓝的东西，"也许他会找到蓝色的蜡笔；等等。

（3）给孩子读诗。

我们的词语和修辞储备毕竟没有作家和诗人丰富，因此我们应该给孩子读诗。西方国家有不少专门给学龄前孩子出版的诗歌，图文并茂，读起来朗朗上口。中文的儿童诗也有不少，我们不仅要为孩子朗读，也要跟孩子深度讨论。比如："诗里说'雪'像'梨花'，你觉得还像什么？为什么？"

除了大人写的儿童诗外，我们还可以阅读孩子自己写的诗。比如这本《孩子们的诗》，每首都是孩子自己写的，读完之后，可以让孩子即兴编诗，或接着往下说，或按照题目重新口头编写。

（4）全家人一起玩句子接龙。

例如，你说："树叶像小船。"孩子接着说："小船像月亮。"奶奶说："月亮像香蕉。"然后一直往下接。

在读书的时候，我们可以有意地让孩子把运用修辞手法的部分找出来，让他尝试说出其要表达的意思，并引导他思考：为什么如此比喻？能不能用同样的手法造一个新句子？这样的提示也有利于孩子对修辞的理解和应用。

4. 区分事实和观点的能力

区分事实和观点的能力非常重要，应该从小培养。笔者在设计语文思维课程的时候，给4—5岁阶段的孩子都会设计几节"区分事实和观点"的课程。几次上课下来，笔者发现只要举例合适，孩子完全可以掌握事实和观点的区别。我们让孩子直观地了解事实和观点的一个方法就是"用同样的主语分别造事实和观点两个句子"，然后让他们分析区别。

比如，笔者在设计课程的时候，给出的一个主语是"冰激凌"，下面是两个句子：

事实：冰激凌是牛奶做的。

观点：冰激凌比蛋糕好吃。

对他们来说，冰激凌是非常熟悉的事物，他们马上就能代入自己的分析。冰激凌是"牛奶"做的，这是一个客观事实"；"比蛋糕好吃"，就是一个"观点"。可能我觉得好吃，妈妈觉得不好吃，爸爸也觉得不如蛋糕好吃，这就是观点，每个人都有可能不同。

无论孩子在做作业还是在读书，都可以鼓励孩子找出几句话，分析一下是事实还是观点。

5. 对文章 / 文本的概括总结能力

概括总结能力的重要性在于，我们可以判断孩子是否掌握了文章大意，是否能提取出最核心的信息。这是大脑主动思考的表现。

概括总结能力跟其他能力一样，需要从易到难、循序渐进地练习。最开始我们可以让孩子读一个很短的小故事，让孩子尝试用"一句话"说出主要内容，然后慢慢增加长度和难度。

概括能力的核心，我们可以用"5W1H"来提取：让孩子找出故事中的人物（who）、时间（when）、地点（where）、事件（what）、原因（why）、方式（how），然后把它们连成一句话。

当然，随着文章越来越长，我们可能会在故事中发现更多的人物和地点，更多的事件，更复杂的方式和原因，但核心内容是不变的：我们让孩子把不同的人物都罗列出来，再添加不同的细节，最后按顺序表达出来即可。

以上五点就是6—10岁的孩子需要不断训练的技能，这些技能会为他们高年级的学习打下坚实的基础。

二、在自然中锻炼孩子的五感

你知道什么是森林学校吗？

教育学界有一个近几年非常流行、效果也很好的儿童读写教学法，叫作野外读写，或者户外读写，就是让孩子们通过跟大自然的接触掌握早期的语言和读写能力。今天我们来简单讲讲。

野外读写最开始是跟原住民区的自然保护紧密结合起来的，后来逐渐拓展为通过接触自然而进行学习。

简单地说，大量研究证明，当孩子们在充满自然风光的户外与老师、同学们一起探索，即使仅仅是徒步、爬山、寻找植物，或者给鸟类拍照，他们的语言和读写能力都比其他同龄人要发展得更好。

和很多人（包括很多老师）的认知不同的是，人类的语言符号和读写发展不仅仅是课堂教学的结果，自然界的"刺激"也是至关重要的因素。

人类儿童的读写和理解能力不只是会认识文字和读出文字这么简单，它还包括一个成熟和复杂的"交流/表达意义的系统"。自然界就可以提供这样的土壤。

那么，为何接触大自然可以提高孩子的语言能力？

1. 对话能力

我们都知道，孩子的读写能力对他的学业能力至关重要，而识字、阅读和写作能力的前提很简单：丰富的对话。

孩子们的早期学习，最关键的一点就是通过探索和互动来了解、认识这个世界。而大自然是一个丰富而充满故事的环境，在这个环境中，儿童会自然而然地开始和大人对话，而大人（包括老师和家长）在大自然中也往往会跟孩子有更多的对话，日积月累，孩子的语言和认知能力就会逐渐增长。

大自然为孩子们体验世界提供了无限的可能，如果几个孩子一起外出，当孩子们关注一个共同点时，对话就开始了。一群小孩可能会发现鼻涕虫在腐烂的原木上蠕动，鸟儿在树梢叽叽喳喳地叫，草地上出现了一个一个的新芽。每一种现象的发现、观察和交流，都需要儿童使用语言作为工具。

2. 社交——表演能力

假装山里的小溪里有抢树叶的怪兽。

"我看到一个怪物！我们赶快把食物藏起来！它来抢食物啦！"

"我终于逃走了，现在我要去山顶了！"

"对，怪兽没有登山杖，它不敢过来，我们很勇敢！"

在语言和读写能力发展中，儿童的"假装游戏"起着重要的作用。因为，假装游戏、过家家等，这些就是一个个鲜活的故事、情节和冲突的世界。这里面有生动的叙事、情感的融入，甚至还有"计谋"的谈判语言。

著名的教师、作家薇薇安·古单·佩利（Vivian Gussin Paley）曾经说过，"假装游戏"对孩子的成长非常重要，他们从中学会如何与人沟通，也学会如何对游戏中的对方负责。

明尼苏达州儿童博物馆曾出过一篇报告——《游戏的力量》，这篇报告指出，与孩子的其他游戏活动相比，在"假装游戏"中，孩子说话更多，说话更长，也会使用更复杂的语言（例如，将来时、疑问句、条件动词、描述性形容词、心理状态动词）。

户外世界是一个充满想象力的空间，奇妙、有质感、充满不一样的元素。参差不齐的树木、形状不同的树叶、跑来跑去的小松鼠和户外世界独有的气息，所有这些千变万化的野生世界都给孩子提供了持续不断的信息流，每时每刻都激发着孩子的想象力。因此，孩子会更有想要进行"假装游戏"的激情。

3. 初步读写能力

去户外活动，大家经常会发现很多指示牌和介绍，每次笔者都会有意识地让孩子注意这些指示牌，或者跟他们一起阅读指示牌上的图案和文字。

有些景区会有地图导航，我们也可以鼓励孩子一起阅读，让孩子注意细节，这种指南类的手册可以帮助孩子对印刷材料产生兴趣。

但并不是所有户外活动都能找到现成的指南手册。那该如何锻炼孩子的初步读写力呢？如果是还不会写字的孩子，我们可以鼓励他回家后把所观察到的景象画出来，或者带一块可擦写的画板，让孩子画出眼前的景色，爸爸妈妈可以在画上简单写字，绘画能力和读写能力是息息相关的；

年龄大一些的孩子我们可以鼓励他们自己查找资料，规划户外游玩攻略，当然最常见的就是带一本防水日记本和照相机，随时随地用图片和文字记录观察结果。

4. 音韵意识

户外活动也可以帮助孩子增强语音意识。比如，孩子们今天观察了森林里的植物，我们可以鼓励孩子写一首押韵的小诗，学一首有关植物的儿歌，或者玩一个相关的音韵游戏，这本身也涉及口头语言、动作以及与环境本身的互动。著名的全身反应教学法（total phgsicon response, tpr）就是采取这个原理：儿童本身在运动中就能学习更多语言知识。

随着孩子的成长，他们会在自然界发现很多在教室里观察不到的现象，而这些现象可以激发儿童的表达欲望。比如，如果老师或者爸爸妈妈带孩子出去玩，你可以让他们非常仔细地观察叶子的形状，或者花朵的纹理，鼓励他们用语言表达细微的差别。这就是非常高级的语言技能训练。

当然，除了这种对"语言复杂度"的激发，大自然还可以让孩子的表达变得特别富有想象力。一个小学老师举过这样一个很简单的例子：一个三岁的孩子在我旁边荡秋千，她仰起脸说："天空的颜色好像是把牛奶倒进了爸爸的蓝色颜料里。"

野外读写从什么时候开始都不晚，笔者深信这一点。目前的情况是，虽然周一到周五笔者为两个孩子安排了正式的学习和小区里的户外活动，但是周末我一定会带他们去大自然玩。

这不仅仅是因为要进行野外读写，而是大自然的体验是孩子为数不多的真实生活体验，对五感的锻炼非常充分，五感的细微感受一定会体现在孩子的语言表达欲和读写兴趣上。

在电子时代，最幸福的孩子就是真实体验多的孩子，它不但能锻炼孩子的体魄，还能锻炼读写能力。因此，如果孩子学习到困难，就果断带他去大自然玩一天，有百利无一害。

那么，家长可以怎么做？虽然没有一个标准答案，但是笔者建议大家每周末至少要去大自然玩一次，再从周一至周五选择一天带孩子去户外锻炼一次。大自然包括但不限于山区、森林、小溪边、河谷边、海边，越不同越好。孩子不会在乎你带他去的是否是著名的景点，哪怕是自家楼下，摸一摸砖缝里的青草，他也会趣味盎然地观察大半天。因此，如果一切以孩子的视角和需求出发，你会发现生活中处处都是可以利用的"大自然"。

三、用心智图分析故事，开启全脑式学习法

心智图（mind mapping），是一项流行的全脑式学习方法，它能够将各种点子、想法以及它们之间的关联性以图像视觉的景象呈现。它能够将一些核心概念、事物与另一些概念、事物形象地组织起来，输入我们脑内的记忆树图中。

心智图的应用范围非常广泛，此处只向大家介绍如何用心智图引导孩子分析故事。

第一个故事：《邯郸学步》

燕国有个年轻人，他听说赵国的邯郸人走路的姿势非常好看，于是决定去学习邯郸人走路的姿势。

他赶到赵国，看到大街上的人走路姿势果然十分优雅，决定跟在一个行人后面模仿：人家迈左脚；他跟着迈左脚，人家迈右脚，他也赶紧迈右脚，最后差一点儿把自己绊倒。这个行人走远了，他又跟在另一个行人身后学走路，引得路人都把他当作怪人，捂着嘴笑他。

一连过了好几个月，他的盘缠眼看就快花光了，但他不但没有学会邯郸人的步姿，而且还把自己原来走路的步法也忘了。

最后，燕国青年只好四肢着地，爬着回去了。

我们可以让孩子试着回忆一下，这篇故事的主要内容是什么。

其实，这篇故事可以用下面的心智图来梳理。

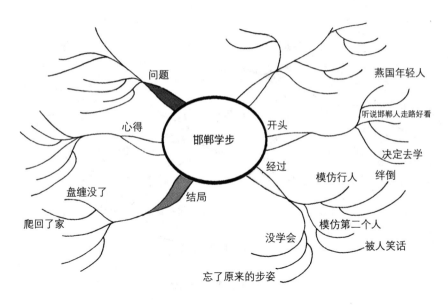

图5 《邯郸学步》心智图一

所以，当我们分析不出一个故事的时候，就可以用这样的心智图来表示：

开头—黄色：用来简单记录故事开头的关键词。

经过—绿色：记录故事经过；不同的经过用不同的分支，分支还可延伸出细节。

结局—红色：简单记录故事结尾。

心得—蓝色：你有什么心得体会和观点？

（问题—灰色：你还想对这个故事提什么问题？）

小测验：你能否给下面的心智图填空呢？

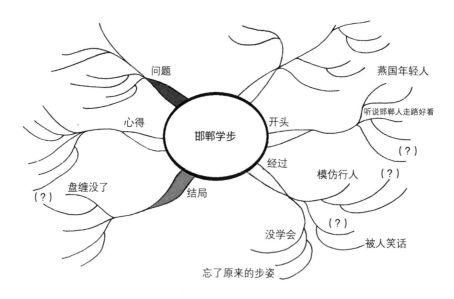

图6 《邯郸学步》心智图二

第二个故事：《滥竽充数》

齐宣王爱好音乐，尤其喜欢听吹竽。他还喜欢热闹，所以每次听吹竽的时候，总是叫300个人在一起合奏。

有个南郭先生觉得有机可乘，跑到齐宣王面前说："我是个有名的乐师，听过我吹竽的人没有不被感动的，就是鸟兽听了也会翩翩起舞，花草听了也会合着节拍颤动，我愿把我的绝技献给大王。"齐宣王非常高兴，把他也编进那支300人的吹竽队中。

南郭先生就随那300人一块儿合奏给齐宣王听，和大家一样拿优厚的薪水，得意极了。

后来，爱听竽合奏的齐宣王死了，他的儿子齐湣（mǐn）王继承了王位。齐湣王喜欢听独奏，要求这300个人轮流来吹竽。南郭先生急得像热锅上的蚂蚁，觉得这次再也混不过去了，只好连夜收拾行李逃走了。

我来动动手：请你拿出黑笔、彩笔和一张白纸，按照心智图的框架，来给《滥竽充数》这个故事画一个心智图。

· 开头。

· 经过。

· 结局。

· 心得。

·（问题）。

参考答案：

当然，有时候我们也可以反其道而行之，通过已经给出的一个心智图，来反推故事。

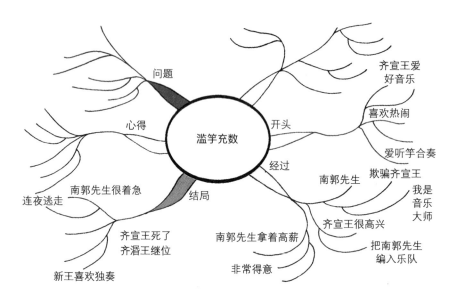

图7 《滥竽充数》心智图

第三个故事：《林肯赔书》

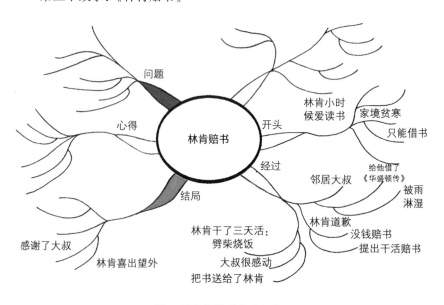

图8 《林肯赔书》心智图

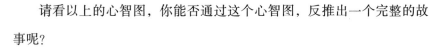

请看以上的心智图，你能否通过这个心智图，反推出一个完整的故事呢？

参考文章：

美国前总统林肯年少时非常爱读书，但他家境窘迫，所以他读的书大都是借来的。

有一次，他向邻村大叔借到一本向往已久的《华盛顿传》，高兴极了。但这本书却因为屋漏被雨淋湿了。林肯非常发愁。第二天清早，林肯赶到邻村那位大叔家里，诚恳地道了歉，接着说："我没钱赔书，请让我给您干三天活吧！"于是，他拼着力气，在大叔家劈柴、烧饭，整整忙了三天。这位大叔被林肯诚挚的行动感动了，和蔼地说："林肯呀，你可真是个少有的好孩子，为了奖励你，把这本书送给你吧！"

林肯喜出望外，小心翼翼地接过珍爱的《华盛顿传》，对大叔表达了真诚的谢意，高兴地回家了。

最后，别忘了再次让孩子们复习一下故事心智图的结构：

·基本结构：开头、经过、结尾。

·拓展：心得、问题。

中心为故事标题，每个分支用不同颜色表示。

第六章 | 提升读写能力的进阶技能：
独立读写能力

　　6—10岁这个阶段，是儿童的认知能力、分析能力、思辨能力迅速发展提高的阶段。除了初步的读写训练之外，我们完全可以让孩子尝试一些有挑战性的"高级读写活动"，让孩子能够顺利衔接过渡到初中、高中阶段，甚至可以为其大学阶段的思辨学习奠定基础。

一、通过计算机的使用培养读写能力

在计算机时代，儿童的读写能力早就不是能阅读文字、能在纸上写出文字那么简单的事了。一个人的读写能力要不可避免地跟计算机、互联网、新媒体联系在一起，电脑软件的娴熟使用也是计算机时代读写能力的体现。

虽然很多孩子从小就在平板电脑、手机上看动画片、上网课、玩游戏，但这种单向的输入并不能体现计算机在孩子读写能力上的辅助作用。实际上，北美的很多小学都会要求孩子从一二年级开始学会用文档和幻灯片来进行写作展示、用谷歌（儿童版）来进行信息检索。

因此，当孩子在10岁之前，如果能自己用幻灯片制作一份主题演讲或汇报稿件，不但能锻炼孩子的信息检索能力，还能锻炼孩子的排版能力、文字组织能力，以及口语表达能力，一举多得。

1. 准备主题

做展示或演示（presentation）的技能，是北美中小学生、大学生的必备技能。麦麦和圈圈在加拿大的一家幼儿园上学，老师要求每个人每月都要做"展示与介绍"。4岁多的孩子虽然还不会读书写字，但他们已经掌握了做展示或演示的基本要素："针对一个主题（比如自己的毛绒玩具），向全班同学做口头展示和介绍。"

经过一年的锻炼，麦麦和圈圈已经能够非常自然地展示自己的物品了。笔者也建议家长能够在平常多鼓励孩子进行这方面的训练，无论有没有稿件都可以。

即使学校没有这样的要求，我们也可以让孩子每个月做一次主题展示，全年做12次就可以。可以供借鉴的主题有：

· 你最喜欢的水果。

· 你最爱的毛绒玩具。

· 你的一张家庭照片。

· 你最爱用的一个杯子。

· 你最喜欢的一个动画片角色。

· 你做的一个手工作品或画的一幅画。

· 你最爱的一本书。

· 你最喜欢的一种零食。

· 你去过的一个地方。

· 最有趣的一种动物。

这些主题都是孩子生活中能够真实接触到、用到的，因此他们会有话可说。但是，做主题演讲稿也需要一定的框架，我们可以让孩子用"5W1H"的框架来进行设计。

比如，以最喜欢的一本书为例，我们可以这样让孩子准备：

时间：什么时候买的书？

地点：在哪里买的书？经常在什么地方看？

人物：谁买的书？

事件：书中讲了一件什么事？

原因：为什么最喜欢这本书？

其实，不同的主题框架可以略有不同，但"5W1H"可以让孩子有话可讲。框架确定之后，就可以把它写成一段话。这就是孩子的演讲稿了。

2. 会设计大方好看的ppt

那么，对二年级以上的孩子来说，我们可以让孩子简单了解ppt的相关知识与用法，如ppt的结构、如何打字、字体变化、插入图片等。孩子们只要学会最简单的演示功能即可。

如果孩子已经学过拼音打字，就可以鼓励孩子自己通过电脑制作演讲稿（8岁以后就可以鼓励孩子学会独立打字）；如果还不会拼音打字，家长可以帮助孩子在电脑中制作演讲稿。

ppt的结构是图文结合，因此好看的展示稿一定不能全是文字，还要有引人入胜的图片。假如孩子要介绍自己的玩具，就鼓励孩子用手机拍摄几张玩具照片；假如孩子要介绍一种可爱的动物，那么就让孩子从搜索引擎中找出几张好看的图片。然后教会孩子如何插入图片，完成ppt。

二、用互联网帮助孩子提升读写能力

在电子时代，信息的获取早已不是家里或图书馆的书本可以满足的了，所以孩子们必须学会在线查找资料。如果学会科学合理利用，互联网完全可以成为孩子的学习好帮手。

·从三四年级开始，我们就可以让八九岁的孩子尝试使用互联网进行资料查找了。那么，我们应该怎么做呢？

孩子在尝试使用互联网搜索资料时，可能面临的问题是：

·用哪些关键词进行搜索？

·搜索结果出现一大堆，应该点击并阅读哪些搜索结果？

·对孩子来说，如何避免不适当或不相关的网站或广告？

·如何确定哪些信息是可信的、相关的，对孩子是友好的？

·如何对信息进行处理、综合、评价和展示？

·信息来源那么多，如何比较各种来源，以评估其可靠性和相关性？

·在孩子写文章、做展示的时候，如何正确引用信息来源？

现如今，电子读写能力是儿童读写学界面临的最新课题，直接告诉孩子"去百度吧！"是解决不了任何问题的。

除了这些困难之外，一些学生还面临着其他的障碍，包括识字能力低、上网能力有限、语言障碍、学习困难和残疾等。

本篇尝试给有志于让孩子发展电子读写能力的老师和家长提供一个"5步法"技巧，让孩子从小学中年级开始逐渐熟悉在线搜索。

以下就是帮助孩子进行在线资料查找的"5步法"：

1. 明确需要查找的概念和信息

孩子们首先需要花点时间考虑他们在搜索中到底要找什么信息。

确定需要什么信息，最好的办法就是给孩子一个任务（或选择任务）或一个问题，这个问题最好是"5W1H"相关的问题，比如，

时间：人类是什么时候开始使用相机的？

地点：最早的恐龙化石出现在什么地方？

人物：谁发现了美洲？

原因：为什么蚊子叮人，身上会起小红疙瘩？

事件：什么是"冬眠"？

方式：如何正确洗手？

老师可以在课堂上和学生进行讨论或召开小组会议，帮助孩子理解问题，标出关键词。

有的时候，孩子放学回来会问家长很多问题。家长们不妨鼓励孩子把问题写出来，然后大家一起讨论应该把重点放在哪些关键词上。

2. 进行搜索查找

确定关键词之后，就可以开始搜索查找了。这有两个方面的含义：用

可靠而安全的浏览器查找，以及如何进行精确查找。

首先，我们看看如何使用可靠而安全的搜索引擎进行查找。

假如孩子年纪小，又是刚刚开始学习使用浏览器，笔者建议家长和老师全程进行监督指导，这样方便我们了解查找到的内容是否安全可靠。在家长的监督下，孩子可以尝试使用这些搜索引擎：百度、必应（Bing），WiKiHow等。

那么，有没有更放心的、适合儿童和青少年使用的搜索引擎呢？有。但遗憾的是，专为儿童设计的搜索引擎往往都在海外（如Kiddle、KidzSearch），并且不适用于中文搜索。不过，国内也有一些比较不错的儿童搜索网站，例如soso儿童搜索、少儿信息港、百度儿童搜索等。

对于需要上网，但年龄太小，同时也不需要太强大的搜索功能的低龄儿童来说，这些搜索引擎是相当方便的工具。

但对于年龄较大的孩子来说，这些搜索引擎可能限制太多，会挫伤他们使用的积极性。

对此，应该怎么办呢？有一个替代的办法，就是完全避免使用搜索引擎，直接去老师以前用过的网站（或者从教师推荐的少量网站中选择）。其实，仅仅通过寻找、筛选和使用在各种网站上找到的信息，就可以学到很多东西。

大家可以自己查找"儿童搜索引擎"或"适合儿童的搜索网站""儿童科普网站"等。

确定了搜索引擎，其次就是如何搜索的问题了。怎样才能找到比较精确的信息呢？有这样几个技巧。

（1）学会列关键词。根据问题找出最合适的关键词，这是最简单方便的办法。

（2）上传图片搜索。假如孩子在博物馆看到了有趣的展品，在植物园看到了奇异的植物，在公园看到了不知名的昆虫，我们都可以鼓励孩子拍下来；然后在搜索引擎的搜索栏里点击"相机"图标，上传照片，就会出现关于该物品的名称和详细描述了，超级方便。

（3）双引号精确锁定搜索内容（网页、pdf文件、word文件）。有时，我们想搜索的内容是两个词的结合，如"菠萝吃法"。如果我们直接输入的话，就会出现很多关于菠萝的其他信息。这个时候我们可以给它加上双引号，这样搜索出来的信息就都是跟菠萝的吃法相关的内容了。

如果最初的搜索结果不是你想要的，可以改变搜索词，使其更具体（从最初的搜索结果中获得线索，例如，你可能会看到可以用的同义词，或者从"人们也会问"部分获得想法）。

3. 选择

输入高质量的搜索词是一回事，知道该点击哪个链接又是另一回事了。

作为家长和老师，我们要鼓励孩子把眼光放远一点，不要只看前几个搜索结果。排在前三名的搜索结果不一定是最有用或最相关的。可以让孩子多翻几页，再确定点击哪个链接。

有的时候，我们可以给孩子讲讲域名的含义。比如，包含".gov"或".edu"的域名可能是更可靠的信息源。

此外，搜索出来的结果中可能会包含大量广告内容，这是最让人心烦

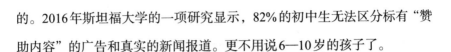

的。2016年斯坦福大学的一项研究显示，82%的初中生无法区分标有"赞助内容"的广告和真实的新闻报道。更不用说6—10岁的孩子了。

因此，如果使用普通的搜索引擎，笔者还是建议家长在旁边监督，或者直接给孩子一个可靠的科普网站。

4. 评估

一旦你点击一个链接并登陆一个网站，你怎么知道它是否提供了你需要的信息？澳大利亚知名的在线教育研究者、小学老师凯瑟琳·莫里斯向大家提供了这样的一个路径：

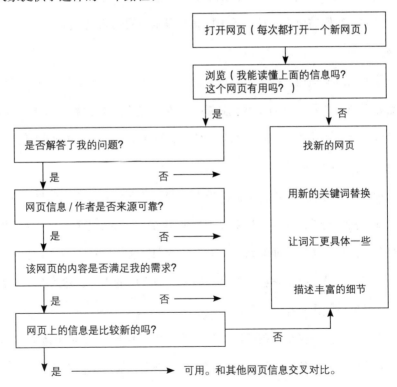

图9 评估网站内容路径图

5. 引用

到这一步，孩子们已经找到了他们需要的东西！真了不起！

那么，下一步呢？

很多孩子会本能地想要复制和粘贴他们找到的信息。在小学课堂上，我们一般不太有机会让学生们了解到什么是抄袭、什么是版权。但现在已经进行到了这一步，笔者认为已经完全可以让孩子们了解"学术引用"的知识了。

别觉得这对他们来说太难，孩子的理解能力出乎你的想象。

是的，我们需要告知孩子关于抄袭和侵犯版权的知识，同时告诉他们应该怎么做。

孩子们需要知道，抄袭就是直接把别人的作品、写的文章当作自己的作品和文章来展示。并且，我们还要告诉他们避免出现这种状况的方法。我们可以告诉孩子们："你可以使用网站上的信息，但你要说明相关内容是谁写的，从哪里来的。"等等。

对八九岁的孩子来说，他们需要引用的信息不会太复杂。有两个方法可以直接教给孩子：一是，如果要直接引用网页中的某段文字，一定要加上双引号，并在文字后面的括号里写上作者和发表年份；二是，如果不想使用太多双引号，就要学会用自己的话复述原文中的内容，然后在文字后面的括号里写上作者和发表年份。

笔者个人比较喜欢让孩子们用第二种方式，因为频繁的引用会影响读者的阅读体验，另外复述段落也是一个练习语文技能的绝佳方法！

虽然以上两种方法不是完全依照学术标准标注，但孩子们至少已经有了学术版权的意识，这已经非常难得了。

笔者个人非常喜欢凯西·施罗克（科技教育学者）的一篇关于"小学生引用文献指导"的文章。它展示了应该如何逐步教6—12岁的孩子引用文献。

最后，每当孩子发现了一个好的网站，我们都可以教孩子把这些网站整理在一个在线文件夹中，或者使用word或excel来保存这些网站的地址。

能够有效地进行研究是每个人的基本技能，而且随着信息时代的发展，它只会变得越来越重要。因此，老师和家长绝对值得在这个话题上投入一些时间！

三、用思维导图强化孩子的读写能力

　　思维导图无论是对大人还是孩子的学习都很有帮助，但思维导图不同于普通的学习框架，它有着严格的适用性，如果用好了、用对了，效果会非常好；但并非任何概念的学习都可以用单独的思维导图来解决，有些概念甚至不太适合使用。

　　1970年，查尔斯·亚当斯创立了创新科技公司，在随后的18年内，该公司开发出了多种基础思维材料，用于教师教学和学生学习。1988年，大卫·海勒在该公司已有成果的基础上，出版了著作《拓展你的思维》，这本著作标志着思维导图的正式诞生。1988年至1944年，创新科技公司继续培训美国的师生在K12课堂教学中使用思维导图。不过，思维导图的效果在1994年才有了科学研究的支撑。1994年，多项研究显示，思维导图显著提高了学生的测验成绩和课堂表现。2004年开始，创新科技公司更名为思维地图，它的理念从美国扩展到英国、加拿大、澳大利亚的基础教育体系。

目前，当我们谈论思维导图（不是心智图）的时候，我们所说的就是包含具体的8种思维导图在内的一个思考框架。这8种思维导图，分别对应了8种人类大脑核心的思考认知方式，分别是：圆圈图、气泡图、双气泡图、树图、流程图、多重流程图、括号图和桥图。这8种思维导图根据适应阶段分为L1—L4四个阶段。L1为1—2年级，L2为3—4年级，L3为5年级，L4为6年级。

思维导图的伟大之处在于，它可以用于任何学科和任何年龄段，并且非常容易掌握。它的本质是"将头脑学习可视化"，形式是"外部的思维框架+内部的文字/图画核心。"

下面，我们就以儿童的思维导图学习为例，来简单介绍这8种思维导图。

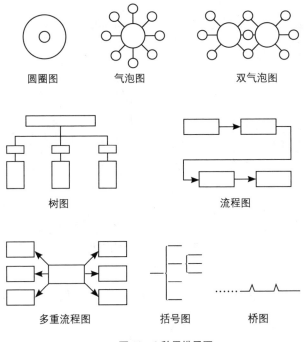

圆圈图　　　　气泡图　　　　　双气泡图

树图　　　　　　　　　流程图

多重流程图　　　　括号图　　桥图

图10　8种思维导图

1. 圆圈图

·圆圈图主要用于把一个主题展
开、联想或描述细节。

·有两个圆圈，里面的圆圈是主
题，而外面的圆圈是和这个主题有关
的细节或特征。

·适应阶段：L1—L4。

图 11　圆圈图

圆圈图是儿童最容易掌握的图，
可以有效锻炼孩子的联想能力。在实际运用中，有两种方式：自内而外法
和自外而内法。如图。

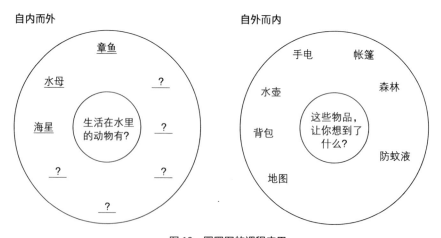

图 12　圆圈图的课程应用

我们可以让孩子通过内圈的核心概念，进行思维发散；也可以从二级
概念开始，让孩子猜猜核心概念是什么。

2. 气泡图

· 圆圈图强调的是一个概念
的具体展开，而气泡图则更加
侧重于对一个概念的特征描述。

· 适应阶段：L1—L4。

气泡图特别能帮助孩子学
会使用丰富的形容词。在人物
描述、事物特性描述的时候，
我们可以鼓励孩子用这种方式，

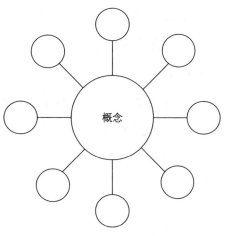

图13 气泡图

可适当配合绘画使用。当然，使用自外而内的方式也是可以的。

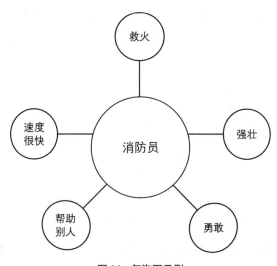

图14 气泡图示例

从上面的气泡图中可以看到，气泡图里都是核心概念的特征，而并非
对概念的发散联想。

3. 双气泡图

· 双气泡图可以帮助孩子对两个事物作出比较和对照，找到它们的差别和共同点。

· 左右两边的兰泡是这两个事物各自不重合的特征，而中间那排兰泡就是它们之间的共同特征。

· 适应阶段：L2—L4。

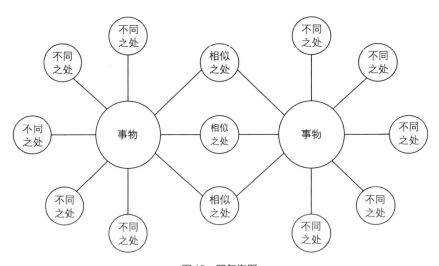

图 15　双气泡图

双气泡图可把抽象的概念通过视觉的形式表现出来。北美地区的老师常使用双气泡图讲解文学概念，训练学生的比较阅读能力。例如，他们会鼓励学生用双气泡图比较角色、情节、故事的某一部分等。对中国学生的学习，我们可以用双气泡图比较两首古诗、同一作者的不同作品、不同作者写的相似主题的作品、不同文化中对某一相似概念的解读等。

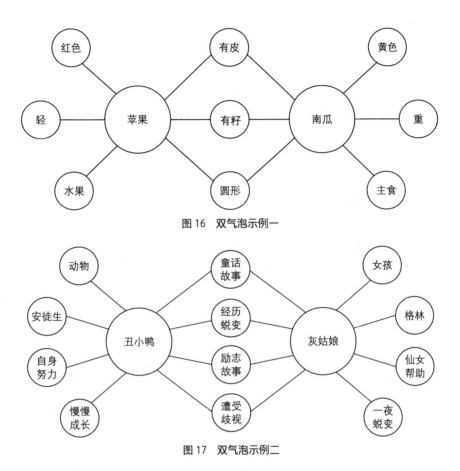

图 16 双气泡示例一

图 17 双气泡示例二

4. 树图

· 树图是主要用于概念分组或分类的一种图。

· 适应阶段：L2—L4。

对低龄学生来说，我们可以鼓励他们直接画出一棵树的形状，更有助于他们理解。在小学阶段的学习中，树图可以帮助学生理解不同级别的概念。例如，动物的分类，语法和句子的要素等。在任务型课堂中，我们可以鼓励学生通过树图来规划某一物品或事物的不同用途。

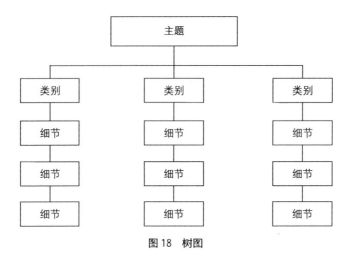

图18 树图

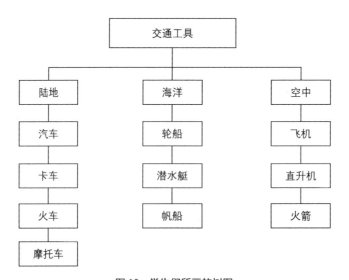

图19 学生们所画的树图

以上是学生自己画的树图。可以看到树图略有难度，需要学生脑中有知识网络。

5. 流程图

·流程图可以表示一个过程、进站或一系列指示。流程图可以帮助孩子厘清做事的思路和步骤。

·适应阶段：L2—L4。

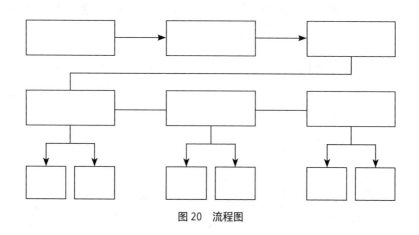

图 20 流程图

孩子们可以用流程图从先后顺序的角度去分析事物的发展、内在逻辑。我们可以让孩子用流程图画出他们做一件事的步骤。比如，制作手工的过程，或一篇作文从构思、查资料、初稿、修改到定稿的过程。流程图也可以帮助孩子们制定规划，例如，暑假阅读10本书的规划、考试前的复习规划等。低龄儿童也可以用绘画来替代每部分的文字内容。

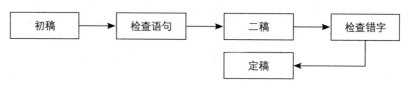

图 21 写作文的流程图

6. 多重流程图

· 多重流程图也称因果关系图，用来分析一个事件的原因和结果。中间是事件，是多重流程图的核心；左边是原因，右边是结果。

· 适应阶段：L2—L4。

多重流程图应以核心为出发点。核心可以是已经出现的问题、事件，也可以是我们想要完成的一件事。

多重流程图最大的优点在于，它是锻炼孩子逻辑思维能力的利器！

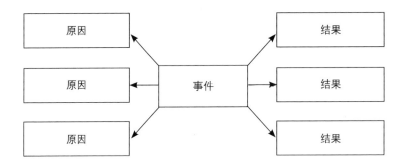

图 22　多重流程图

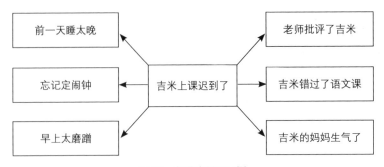

图 23　多重流程图示例

7.括号图

·括号图主要用来体现整体与局部之间的关系，更侧重真实事件和情况，不适合分解抽象概念和想法。

·括号图类似于横放的树图。括号图中必须包括所有部分。

·适应阶段：L1—L4。

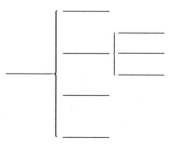

图24 括号图

括号图可以帮助孩子们理解成分较多的整体。如书信、日记、议论文、叙事文、新闻、研究报告的构成部分。可用图画代替文字。非常适合总结复习。

8.桥图

·桥图用于进行类比和类推。在桥型横线的上面和下面写下一组具有相关性的事物，然后按照这种相关性，列出更多具有类似相关性的事物。

图25 括号图示例

·适应阶段：L4。

运用桥图，我们可以让孩子深度理解某个核心概念在不同类别中的体现。比如，核心概念是"反义词"，如"冷"和"热"，"老"和"年轻"，那么我们可以让孩子进行类推，写出更多不同的反义词。

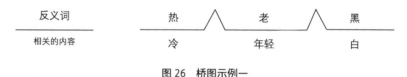

图26 桥图示例一

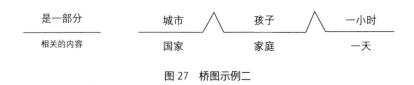

图 27　桥图示例二

想一想：以上桥图的核心概念是什么？进行了怎样的类推？

最后，笔者总结了一张思维导图的总概念图，图中包含了 8 种思维导图所对应的每一个概念模块，大家可以进行参考。比如，当孩子需要进行头脑风暴的时候，引导他使用圆圈图；如果需要评判一件事的成果，那么需要孩子绘制流程图；等等。

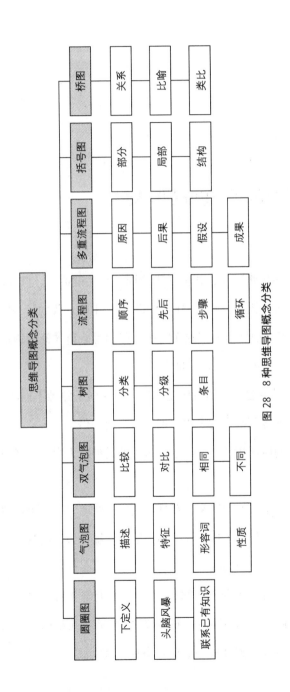

图28 8种思维导图概念分类

四、培养孩子的多角度观察能力

同主题的多体裁写作，指的是围绕同一个关键话题，撰写两篇以上、不同体裁的作文。比如，围绕"动物园"这个主题，假如写一篇《动物园游记》，就属于日记性质的记叙文写作；假如写一篇《论动物是否应该被关在动物园里》，就属于一篇议论文了。

培养孩子同主题多体裁写作能力，可以让孩子熟悉不同体裁的写作，同时养成多角度观察写作的思辨习惯，事半而功倍。

那么，我们应该用什么方法培养孩子的这种能力呢？笔者用一个例子来说明一下。

假设你的孩子在放学回家后看到了大雁排队南飞，他出神地看了一会儿后，回家兴奋地告诉了你。你鼓励孩子写一篇日记，记叙一下当天的见闻和心情。这就是一篇记叙文。

然后孩子很好奇地问你："妈妈，为什么大雁会南飞呢？"你给孩子简单地讲了大雁南飞的原因后，鼓励孩子上网查找更准确的信息，然后孩子把查到的信息综合整理成一篇科普小短文《大雁为什么南飞》。这就是一篇科普说明文。

之后，孩子对南飞的大雁念念不忘，特别是领头的那只大雁，实在是漂亮极了。孩子又写了一篇短短的小说《领头雁》，讲述了一只叫飞飞的大雁努力成为领头雁的故事。这就是一篇虚构小说。

最后，孩子给远在南方的爷爷奶奶写了一封信，讲述了他这几天的经历，信的末尾还叮嘱爷爷奶奶拍一些南方的小鸟的照片给他。这就是一封实用文体的书信。

这样，通过"大雁南飞"这一个主题，孩子锻炼了日记、说明文、虚构小说、书信共四种体裁的写作能力。

另外，进行同主题多体裁写作，还可以锻炼孩子的其他能力，——日记是有感而发的，说明文是自己查证总结的，虚构小说锻炼了想象能力，书信起到了沟通作用，一举四得！

如果经常给孩子进行这样的锻炼，孩子的写作能力一定会得到提高。

最后总结一下刚才的步骤（当然，里面的体裁完全可以灵活变动）：

（1）根据一个现象，设定一个主题，让孩子先写一篇记叙文。

（2）让孩子查找资料，写一篇科普文。

（3）让孩子展开想象，写一篇虚构小说。

（4）写一封信件。

五、鼓励孩子在自媒体上发表观点

在新媒体时代，人们接受信息的来源早已辐射到了"自媒体"。无论是写博客、微博还是公众号，都是给普通人一个发声的机会，也都需要非常好的写作能力。

无论未来的媒体如何发展，我们都可以鼓励孩子了解自媒体，使用自媒体，帮助孩子快速跟上时代。

那么，我们可以把这一节作为一个小实验，让孩子尝试建立一个自己的自媒体。这次我们就以最常见的公众号为例吧！

首先，请跟孩子讲一讲什么是公众号，然后让孩子思考这样几个问题：你（爸爸、妈妈或者老师）平常都爱看什么公众号？会接受什么信息？为什么？让孩子熟悉一下公众号的界面。

然后，我们可以鼓励孩子建立一个属于自己的公众号。在建立公众号之前，有两个特别重要的问题：

（1）孩子自己擅长/喜欢什么方面的内容？

（2）公众号建立完成后，受众人群是谁？或者说，是给谁看的？

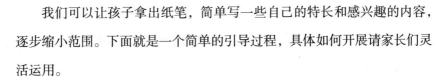

我们可以让孩子拿出纸笔，简单写一些自己的特长和感兴趣的内容，逐步缩小范围。下面就是一个简单的引导过程，具体如何开展请家长们灵活运用。

1. 公众号的定位和受众人群

（1）假设你要运营一个公众号。写出你自己擅长的3—5个方面的内容（如绘画、游记、学习分享、书法、运动）。

（2）跟爸爸妈妈分享你为何想写这几个方面的内容，以及你能写什么，最后确定1个内容。

（3）确定好内容之后，给你的公众号起5个名字。

（4）让大家投票选择，确定一个。

2. 如何选择文章标题

（1）公众号的主题确定了，下面你需要想一个文章标题。文章题目标准：

· 吸引人。

· 长度适中。

· 有文章中的关键词。

（2）请给你想写的文章，起5个题目。让爸爸妈妈给你一些建议。

3. 公众号文章的结构和要求

（1）基本的三段式文章结构。

· 开头：吸引注意，介绍你要讲的内容。

· 中间：图文并茂。

· 结尾：总结。

（2）字数在500—800字。

4. 公众号文章的排版（这里家长和老师要稍微做一些排版的功课！）

（1）字体、字号。

（2）行距。

（3）大小标题的处理。

（4）重点内容的标注。

5. 小练习

（1）创建一个你自己的公众号。

（2）写出你的写作计划（每周写几篇？写出至少5周内的文章题目）。

（3）在公众号里上传第一篇文章。

第七章 | 提升读写能力的进阶技能：
       思辨读写能力

拥有良好的思辨能力，有助于让孩子成为一个独立思考的个体，有助于孩子在面对各种选择和规则时，能够理性地思考，合理地做出自己的判断，不人云亦云。如何培养孩子的思辨能力呢？

一、培养孩子思辨能力的三大优势

在北美接触过基础教育（K12）的教学体系之后，笔者逐渐开始了解"儿童思辨课"这个在国内极少被提及，但在海外已经发展几十年的儿童高级读写能力思辨体系。

（一）什么是儿童思辨课

儿童思辨课程，英文是philosophy for children，简称P4C。指的是从明辨性（或审辨性）思维能力、创造性思维能力和关怀性思维能力为三大核心的，培养儿童的思考和表达能力的教育。思辨课的目的是培养思维自主，表达完整，有勇气、有毅力、有自信力的儿童。思维自主，指的是以自身的三大核心思维能力来观察事物、分析事物、表述自己并付诸行动，以解决问题为目的的自主独立思考能力。

明辨性思维，指的是用推论能力（reasoning，也翻译成推理、论证、推想、论断能力）来审视想法和指导行为的思维能力。它可以帮我们确定一件事或一个论断的正确性：是永远正确？有时正确？部分正确？或者错误？东西方的教育学家普遍认为，明辨性思维可以帮助儿童发展研究问题的深入思考能力，并培养儿童主动深入探究所读、所看和所听的内容，而不是一味地被动接受。训练儿童明辨性思维需要课堂启发式的对话，以此让学生给出理由、探寻证据、做出合理判断[①]。

创造性思维，指的是生成和拓展想法、提出假说、用想象力解决问题或表达创新性想法的思维能力。在课堂上培养儿童达到创造性思维能力的方法有：尊重人和人的不同特点、鼓励孩子提出不同的问题、建立事物之间的新联系、用不同的方法表达观点、针对同一个问题提出不同的解决方法、评估新想法和新行动。训练儿童的创造性思维，需要鼓励儿童提出新的开放式问题（如"5W1H"）[②]。

关怀性思维，指的是在学习中与他人合作、发展同理心、尊重他人的思维能力。这意味着教师要始终提醒儿童这几点：别人是怎么思考的？别人有什么感受？我能否理解其他人的想法和感受？[③]关怀性思维能力始终要求儿童对自我的情感和他人的情感有所理解。

（二）儿童思辨课的发展

儿童思辨课也称为儿童思辨项目，是一种以思辨对话为方法来提高儿童思维和表达能力的理念与工具，创始人为马修·利普曼教授。20世纪

---

① Fisher, Robert.Teaching thinking: Philosophical enquiry in the classroom.A&C Black, 2013.

② 同上

③ 同上

60年代末期，马修在美国哥伦比亚大学教授逻辑学与论证学。在授课过程中，他发现学生的推理论证能力非常差，究其原因是大多数学生没有从儿童时期就开始进行抽象思维的训练。在进行了大量的调查研究之后，他逐渐发现如果从低龄阶段就开始系统地培养孩子的思辨能力，他们未来的思维能力和学习能力都会有惊人的提高。

1972年，马修离开哥伦比亚大学，建立了世界上第一个专为K12学生设计的儿童思辨研究机构。儿童思辨项目在美国发源，而目前英国的儿童思辨项目发展得和美国同样完备。目前全球有60多个国家的公立教育体系采纳了儿童思辨项目，用自己的教学方式、教育风格来贯彻儿童思辨的理念。

马修本人一针见血地提出了这样一个疑问：

"为什么4—6岁的孩子充满了好奇、创意和兴趣，一刻不停地发问，探求更深的解释，但一旦他们长到18岁，他们就变得被动、没有辨别力、对学习毫无兴趣了呢？"

答案就是传统教育和社会的影响。学校的固定教学大纲、老师僵化的教法与能力、每个班越来越多的学生、电视上低级娱乐节目的灌输，甚至越来越方便、无须主动争取就能轻易享受的生活方式，都对孩子天生的思辨能力的发展不利。即使有家长和老师有意在生活中培养孩子的思辨力，但家长和老师本身思辨能力不足，既无法培养孩子成体系的思辨能力，也不知道该如何与孩子进行正确的思辨对话。

不过，公立教育虽然有种种缺陷，但仍然有其不可替代性，因此马修的儿童思辨项目的设置绝非要取代公立教育，而是要弥补公立教育的不足。儿童思辨课是一个严密的思维培养体系，贯穿3—18岁的每个教育阶段，主题涵盖学校和社会的各个科目，难度随年龄层层递进，同时儿童可以将思辨课中培养的思维认知能力应用到任何一个学科中。

40多年来，多项实证研究都证明了儿童思辨课的必要性：

第一个相关实证研究是学者李普曼于1971年在美国新泽西州的兰德小学进行的。研究显示，经过9周的思辨课训练的学生，与其他未经过思辨训练的学生相比，逻辑思维能力领先27个月。此外，阅读课的分数也明显比其他学生更高，这种优势在两年半之后依然十分明显。

1984年，约翰逊的研究显示，进行过儿童思辨课训练的儿童，思考能力明显提高，跨学科能力也明显提高。

中间的研究不赘述，我们看两个2019年的最新研究成果：阿尔特的调查发现，思辨课对5—6岁儿童的口才，包括讨论的口头表达力与高级的口头逻辑连接词，有明显提高作用；施韦茨的研究发现，思辨课提高了儿童的标准化测试成绩、数学成绩、阅读、写作、批判性思维、自信力、合作能力和儿童的亲社会行为。

所以，思辨课非但不会让孩子学习成绩下降，反而会提高其逻辑思维能力，对学业大有助益。

儿童思辨课的核心，是培养孩子三种相辅相成的思维能力：批判性思维（critical thinking）、创造性思维（creative thinking）和关怀性思维（caring thinking）。在任何一节思辨课中，课程设计都是紧密围绕这三个核心开展。

1. 批判性思维

批判性思维是用推理和论证来检验观点和行为是否正确的过程。它可以帮孩子确认一件事是永远正确、有时正确、部分正确，还是根本不正确。在西方哲学传统中，批判性思维可追溯到古希腊的苏格拉底式思辨法；在东方文化中，最早的批判性思维是佛教的自由探究法和逻辑推理法，如佛陀的《卡拉玛经》。对儿童来说，最培养批判性思维的方式是开放、探究式的对话，因为这能锻炼孩子的论证能力、提高其探究证据的动力。而这种开放探究式的对话，在全球任何一个公立或私立教育体系中都难觅踪迹。

批判性思维包括进行有理有据的评价、根据事实和证据进行选择、提出批判性问题、为自己的观点辩护等。而在思辨课堂上，以下问题可以锻炼儿童的批判性思维："你能否给出这件事的理由？""什么样的证据可以支持这个观点？""应该提出什么问题？""你如何证明？"等。

在思辨课堂上，推理论证是批判性思维的核心。英国一位10岁的孩子所说的话很有代表性："思辨就是你要给你说的任何话提供理由。"

2. 创造性思维

在思辨课上，创造性思维能力就是孩子们产生新想法、延伸已有的想法、提出假设、把思考的内容进行应用或者表达新想法过程。在创造性思维的课堂上，老师和孩子们要尊重彼此的差异，鼓励对方提出新的不寻常的想法，建立新的联系，用不同的表现方式展示各自的想法（如绘画、语言、肢体、表情、新故事、戏剧表演等）。

在思辨课上，我们可以问儿童这些问题："有没有其他的可能？""你

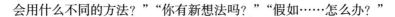

会用什么不同的方法？""你有新想法吗？""假如……怎么办？"

创造性思维特别需要老师和家长的鼓励，一位8岁的小男孩认为："一个好的老师总是关心你的想法和行为，而不是让你接受他的想法。"

思辨课堂上，老师和孩子、孩子和孩子的对话贯穿始终，而只有通过深入的对话才能发现孩子的内心想法和创造性思维。传统教育中，老师是主宰，孩子是被动接受者。即使教育改革之后，大多也是老师问，学生回答，老师很少会被质疑。思辨课不是这样。在思辨课上，老师和学生永远平等，没有任何人主宰课堂，只有严谨而自由的思辨法则贯穿始终。

3. 关怀性思维

关怀性思维指的是在思辨课堂上与他人（老师和学生、学生和学生）的合作、同理心的发展，以及对彼此的尊重。一个具有关怀性思维的孩子，总是会考虑以下问题。

他人的感受和想法是怎样的？

我能否理解他人的想法和感受？

我能够从他人的观点和感受中学到什么？

关怀性思维可以锻炼孩子一系列使其受益终身的能力：倾听和尊重他人、表达的自信、包容他人的态度和相互合作的能力。关怀性思维可以帮助孩子显著提高情商，理解自我和他人的情感。

在思辨课堂上，每个孩子都应该学会"轮流、等待、倾听"的法则，即使跟老师和同学持有不同观点，也应该以尊重彼此的态度进行探讨。在大家跟孩子进行思辨对话的过程当中，请时刻提醒他们遵守这三个法则。

以上就是思辨课的核心目标。按照思辨课的设置，思辨课的频次应该是一周一次，每节课的时间不超过两个小时。根据孩子年龄、主题等的不同，通常为半个小时至2个小时。每一个级别的思辨课主题应该尽可能丰富，涵盖多个学科。

家长可以怎么做？

听笔者说了这么多，大家可能会问："思辨课是一种课堂形式的教学吗？""在家里可以对孩子进行思辨训练吗？"

当然可以。其实，因为学校课堂的局限性（教学大纲的需求、师生比例的限制等），我们很难要求学校或老师占据教学时间来专门每周开辟出一堂思辨课。因此，如果家长心有余力，完全可以在家中跟孩子进行"亲子思辨课"。

2020年，笔者小范围地组织一批父母和孩子尝试了一节"亲子思辨课"，效果出乎意料地好。家长们原本以为孩子们不能针对某个思辨问题提出任何观点，没想到孩子们的观点非常独到而且一针见血。因此大家感叹：不是孩子没有观点输出，不能进行高级思考，而是我们给孩子这样思考的机会太少。

在附录中，笔者会附上一节亲子思辨课的模版，大家可以依照模版来进行亲子思辨训练。

进行思辨读写训练的另一个方法，就是亚里士多德概念法。这个方法可以帮助孩子发展非常可贵的实证思考能力。笔者和孩子们经常进行这样的讨论。

这个方法是这样的：笔者抛出一个概念，让孩子们告诉笔者如何描述定义这个概念。通常他们的第一次定义都不够准确，笔者会继续追问或举出反例，然后让孩子们修正自己的描述，如此反复进行，直到他们最后可以得出一个最精准的概念。

以下是我们曾经进行的关于"鸟"的定义的讨论。

笔者：（给麦、圈看一张关于鸟的照片）这是什么？

麦、圈：鸟。

笔者：没错。我们现在来思考一下鸟有什么特征，或者说，一个动物应该长什么样，我们会认为它是一只鸟。

麦麦：它们有翅膀！

圈圈：它们能飞！

笔者：好的，所以，你们认为鸟就是有翅膀的、能飞的动物，对吗？

麦、圈：对啊！

圈圈：（思索后）不对啊，你跟我们说过，企鹅也属于鸟，但企鹅不能飞啊。

笔者：企鹅不能飞，那为什么还是鸟啊？

圈圈：它下蛋，对吧？

笔者：对。是不是所有的鸟都下蛋？

麦、圈：嗯！

笔者：所以，到底什么是鸟？

麦麦：鸟会下蛋，也有翅膀。

笔者：好的。非常棒。不过再等等啊，你们觉得蝴蝶是鸟吗？它也下蛋，虽然是很小很小的。它也有翅膀。

麦、圈：当然不是！蝴蝶是昆虫。

笔者：为什么不是，它明明下蛋，也有翅膀啊？

圈圈：因为它太小了！鸟比较大。

笔者：好，那我们假设有一只跟鸟一样大的蝴蝶，那它是不是鸟呢？

圈圈：是。

麦麦：不是！它没有羽毛！鸟有羽毛。

笔者：没错。蝴蝶没有羽毛。那么，你们觉得鸟都有羽毛吗？你们能不能想出一个没有羽毛的鸟呢？

麦、圈：（仔细思考）没有。鸟都有羽毛。

笔者：我也想不出。好的，那我们可以这么说，鸟有羽毛……

麦、圈：能下蛋，还有翅膀。

笔者：没错。

由此我们就通过亚里士多德概念法最终得出了鸟的大致定义，虽然不是完全精确（有些鸟的翅膀已退化），但麦、圈已经有了初步的概念：鸟是体表覆盖羽毛的卵生动物。

亚里士多德概念法需要孩子对日常生活有一定的观察和认知，也需要父母对所讨论的概念有正确的认识。

但某些概念其实对大人来说非常简单，你不需要做太多准备工作。比如，"男孩"这个概念就相对简单，但又能有效锻炼孩子的思考力和观察力。

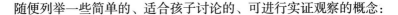

随便列举一些简单的、适合孩子讨论的、可进行实证观察的概念：

· 什么是汽车？

· 什么是房屋？

· 什么是桌子？

· 什么是椅子？

· 什么是学校？

· 什么是夏天？

· 什么是春天？

……

像这样每天讨论一两个简单概念，孩子的头脑会越来越敏锐，经过概念锻炼的孩子不会再满足于似是而非的定义，一定会成为一个崇尚"精确"的人。而崇尚精确对学习的重要性，不言而喻。

我们在进行这样的训练的时候，可以让孩子先把自己认为的概念写下来；等讨论结束之后，把最终的概念再写下来。这样会得到一个鲜明的对比。

二、用思辨比较法培养读写能力

我们通常做阅读都是以"单一篇章"为单位的，也就是说，无论是单纯理解，还是做练习，抑或是进行讨论，我们都是只以一篇文章为阅读讨论中心。

而"思辨比较阅读"却不同。在思辨比较阅读时，我们阅读、讨论、做练习的对象变多了，是两篇文章，有时甚至是三四篇文章和文本。

这样做的目的是，我们可以让自己的大脑不再局限于每一篇文章中体现的"客观事实"，而是强迫自己提升思辨力，思考这几篇文章之间的关联、差异、相互的作用、好坏、作者的立场、每篇文章的漏洞和优势等。而这些是你做单篇阅读时发现不了的。

我们来举个例子。笔者找了两篇主题都是哺乳动物的科普短文。第一篇摘自2012年《美国国家地理动物百科》，第二篇摘自2015年的《加拿大百科全书》。我们来仔细阅读一下。

《哺乳动物》——选自《美国国家地理动物百科》

哺乳动物是地球上适应性最强的动物之一。地球上的各个大陆和各个大洋都是它们的栖息地，其体型也非常多样：既有微小的黄蜂、蝙蝠，也有身躯庞大的蓝鲸。它们能成功存活，得益于它们的活动方式。作为一个生物群体，哺乳动物使用了各种各样的运动形式：生活在陆地上的哺乳动物可以走、跑、跳、爬、跳、摆动、挖掘和钻洞；而生活在海里的哺乳动物则可以游泳、滑行和潜水，有些甚至会飞。

哺乳动物的饮食和行为也非常多元化。例如，许多食肉动物是喜欢单独生活的顶级捕食者，比如美洲豹、老虎和北极熊。相比之下，狮子、水獭、狼和海豚则生活在家庭群体中。更具社会性的是一些素食动物，特别是有蹄类动物，如鹿和斑马。通过群居生活，它们既能获得保护，避免成为另一种动物的食物，又有更多的机会进行繁殖。

《哺乳动物》——选自《加拿大百科全书》

哺乳动物一词源于哺乳动物类所特有的、可产乳的乳腺。哺乳动物，包括人类，通常被认为是脊椎动物（有骨架和脊髓的动物）中最先进的一种。

哺乳动物的一些典型特征可能与其他脊椎动物共有，或在某些群体中不存在，例如：1）乳腺分泌乳汁以滋养婴儿；2）都能生出活的幼仔；3）它们是温血动物，能够保持恒定的体温。

一些哺乳动物在科研方面发挥着越来越重要的作用，让人类可以更好地了解自己。哺乳动物已被用于各种实验，以帮助了解人类行为背后的心理活动。通过使用实验室的哺乳动物做实验，外科手术和大多数形式的医学研究都得到了不可估量的发展。哺乳动物和哺乳动物产品被用于开发和生产血清、疫苗、激素和其他生物产品，如现在用于当代医学的胰岛素。

我们用思辨比较阅读的方法来分析一下这两篇文章。

1. 画出重点

仔细阅读一下这两篇它们，你会发现虽然两篇都是讲哺乳动物，但侧重点完全不一样。第一篇主要讲了哺乳动物的行走方式和饮食习惯，并举了很多动物的例子；第二篇则侧重讲了哺乳动物的四大共性，以及它们对人类科学实验的作用。

2. 分析两篇文章各自的优缺点

第一篇的优点是通俗易懂，并举了很多鲜活的动物例子，缺点是根本没有讲到哺乳动物的定义是什么；第二篇的优点是讲到了哺乳动物的定义和共性，缺点是对科学实验的作用部分写得太烦琐，也不是很有趣。这一步就用到了思辨力，因为每个人看到的优缺点是不同的，完全没有标准答案。

3. 动笔写总结

总结要结合两篇文章的内容，选出自己觉得最有用的方面，综合起来，用自己的话改写并总结。

4. 如果还想拓展，可以在总结下面，简单写一段个人评论和感受

比如，你最喜欢哪种哺乳动物？你认为还有哪些知识你想知道，但是这两篇文章没有写？或者，你最喜欢的关于动物的小说是什么？

基本上到这里，一个初步的思辨比较阅读就完成了。

如果要进阶到高级的思辨比较阅读，也可以分析一下这两篇文章不同的原因在哪里。也许因为第一篇是摘自《美国国家地理》的文章，而《美国国家地理》的受众是大众读者，所以必须要通俗易懂；第二篇是比较专业的百科全书，是科学家的参考读物，所以用词精炼严谨。

为进一步验证，可以再去找一下这两个来源的其他主题，再进行比较阅读，发现区别。比如，可以找两篇关于"宇航员""火山""长城""爬行动物"等主题的文章，再重复上面的步骤。

到这里，敏锐的家长也许已经发现，思辨比较阅读就是科学研究中写文献综述的雏形。

这种阅读形式的优点是：

（1）集中锻炼多种语文能力：阅读、词汇、综合写作、查找资料。

（2）强迫自己避免一边倒的扁平化思想。如果你接受了这样一个真理——"任何文章都是不完美的，我们需要批判接受"，那么你的思考能力就会逐步提高。

（3）锻炼表达能力。写总结时，要用自己的话来总结改写，充分锻炼表达能力。

同理，家长们也可以给孩子进行比较阅读的初步训练，来锻炼孩子的思辨能力，这是一种非常好的锻炼。比如，很多家庭都有两三本关于宇宙的书。我们可以给孩子简单阅读这些书，然后问问孩子觉得哪本写得好，哪本写得不是很好，原因是什么。或者让孩子回忆一下这几本书的内容，鼓励孩子用3—4句话来概括这几本书的内容。一般，6岁以上的孩子就可以进行这样的思维训练了。

三、借助"布鲁姆分类学"培养思辨能力

先看看一篇文章里的一段话：

"手机对小学生的学习是有好处的。你可以使用手机查阅各种各样的资料。虽然现在大多数学校都会有电脑供学生进行学习，但这仍然是远远不够的。毕竟，为每个学生提供一台电脑太昂贵了，所以我们最好是为小学生每人配备一台手机。"

如果是在思辨阅读的语文课堂上，老师会要求学生讨论、思考下面的问题：

（1）作者为什么写这篇文章？

（2）作者认为该给小学生配备手机，他的理由是什么？你觉得这个理由充分吗？

（3）你是否同意作者的观点？为什么？

（4）你觉得手机的优缺点是什么？

（5）如果你不同意作者的观点，你是否能提出一个"帮小学生提高学

习效率"的办法？

大家可以看到，思辨阅读就是要求学生对文章内容进行深层次的思考，并且输出自己的观点，学会从不同的角度看问题。

因此，笔者想给各位老师和家长介绍"布鲁姆分类学"。

美国教育心理学家本杰明·布鲁姆认为，教育目标包括三个方面：认知学习、情感培养、技能训练。当孩子进行阅读时，认知思维等级可以从下往上分为6个层次：

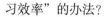

表14　认知思维等级表

记忆	指对先前所学内容的回忆和确认，对有关信息加以重述和重组。这些都是故事中明摆着能找到答案的
领会	指初步地把握所学内容，但不要求深刻地理解。具体表现为能用自己的话表述、总结、比较、说明，或进行简单的推断
应用	指初步地将所学内容直接运用于新的具体情境，把抽象概念运用于适当的情况，但还不是全面地、通过分析、综合地运用知识
分析	指把材料分解成它的组成要素部分，从而使各概念间的相互关系更加明确，材料的组织结构更为清晰，从而能详细地阐明基础理论和基本原理
评价	指依据内在、外在标准对所学内容进行价值判断。这个层次的要求不是凭借直观的感受或观察的现象做出评判，而是理性地、深刻地对事物本质的价值做出有说服力的判断，它综合内在与外在的资料、信息，做出符合客观事实的推断
创新	认知领域里教育目标的最高层次，是指产生新的作品、思想，或者提出新的思路

用经典的金字塔模型可以这样表示：

图29　布鲁姆分类学

对应布鲁姆分类学之后，我们可以很轻易地看出，普通阅读和思辨阅读最大的区别，就是普通阅读只停留在"记忆"和"理解领会"的级别，并没有达到应用、分析、评价和创新的级别。

如何锻炼孩子不同级别的阅读能力，家长和老师可以提出如下的问题，注意后四个级别是非常好的思辨阅读提问：

1. 记忆性问题（普通阅读）

（1）说出故事中的所有人物。

（2）说出故事中的六个事实。

（3）这个故事是什么时候发生的？

（4）这个故事是在哪里发生的？

（5）哪个人物最先出场？

（6）故事的结局是什么？

（7）通过你所读到的内容，描述一下主人公的长相。

（8）通过故事中的事实，描述故事的背景。

2. 领会性问题（普通阅读）

（1）用自己的话说说故事讲了什么。

（2）故事开头主人公感觉怎么样？

（3）主人公在故事结尾的感觉是什么样的？

（4）想一想故事里的主要的情节。为什么它会发生？

（5）为什么这个故事要起这样的标题？

（6）把故事的主要事件画出来。

（7）在脑海中设想故事中的一个画面，写一写在这个画面之前发生了什么，之后发生了什么。

3. 应用性问题（思辨阅读）

（1）想一想，如果你也遇到和故事中某个人物一样的事情，你会做出相同还是不同的选择？为什么？

（2）想一想，生活中还有哪些你认识的人遇到过或者做过和故事中人物一样的事情？

（3）试想，故事中的一个人物在你正在看书的时候来了你的学校，会发生什么事情？

（4）如果你去了故事主人公生活的地方，你会做什么？

（5）如果主人故事公来你家，他会做什么？

（6）如果你要给故事主人公做一顿饭，你会做什么给他吃？

（7）如果你在大街上遇到了故事主人公，你会和他说什么？

4. 分析性问题（思辨阅读）

（1）这个故事的哪个部分最好笑？最有趣？最让人难过？

（2）这个故事中的什么事情不可能在现实生活中发生？

（3）故事中有些是事实，有些只是个人的观点。列出这个故事中的事实。

（4）把这个故事分成几节，给每节起个名字。

（5）故事中人物做的哪件事让你觉得"如果是我，我也会这样做"？

（6）列举出故事中你听到的五个合成词（英文中的合成词指由两个或以上的英文单词构成的英文字，如today、ice cream等，本由两英文单词合并而成）。

5. 评价性问题（思辨阅读）

（1）故事中的主人公是好人还是坏人？为什么？

（2）比较你读过的两本书，你会更推荐哪一本给你的朋友？为什么？

（3）比较故事里的两个人物，哪一个你觉得更好？为什么？

（4）你更乐意与故事中的哪个角色待在一起？为什么？

（5）你觉得这个故事值得你去读吗？为什么？

（6）如果你有机会去故事发生的地方，你会想去吗？

6. 创新性问题（思辨阅读）

（1）从一个动物的视角重写这个故事。

（2）简单重写这个故事，但是要改变里面的一样东西。（比如把《三只小猪》故事里的狼改成狗）

（3）用你的想象力给这个故事画一幅图，然后加一样你自己创造的新东西在里面。

（4）你能不能想出故事中某样东西的新用途？

（5）做一个展示板、玩偶或者画一幅画来展示故事的主要人物。

（6）为这个故事取五个新的名字。

（7）给这个故事重写一个结局。

（8）为这个故事写一首诗。

（9）为这个故事编一首歌。

（10）假如你是故事的主人公，写一篇日记记录你每天做的事情。

精进篇

第八章 ｜ 选对阅读方法，让阅读更高效

这一时期的孩子，可以被称作"真正的读者"了。和几年前相比，他们阅读的速度更快，词汇量更大，阅读面更广。有的甚至和大人不相上下。但是，假如横向比较的话，孩子和孩子之间的差距也会越发明显：有的孩子会边读边思考，有的却不会；有的孩子读完书会跟父母讨论，有的是读完就算了；有的孩子涉猎广泛，但有些孩子依然在原地踏步。

这一时期，孩子面临小升初，初中的语文学习会更深更难。因此，10—12岁是一个十分重要的过渡时期，家长们千万不可忽视。

一、如何进行深度阅读

（一）什么是深度阅读

如果你曾经全神贯注于一本书，以至于没有注意到周围发生的事情，那么你可能已经进行了一次深度阅读。

深度阅读就是这样，它需要读者对正在阅读的内容进行深思熟虑和密切关注，以丰富他们的理解、分析和思考过程。自 10 岁开始，孩子的认知力和专注力已经发展到让他们有能力进行深度阅读了。

不是所有的书都需要深度阅读。哈哈一笑的漫画、脑筋急转弯等书，往往不需要充分的认知参与，所以不必深度阅读，可以当作大脑的休息。当孩子在学习间隙阅读这些书的时候，笔者的建议是家长不要完全禁止，孩子需要读一些轻松的、无须深度阅读的内容。

但在这个时期，深度阅读的书籍可以逐渐增加。一旦孩子沉浸在深度阅读的体验中，他们的大脑就会开始高速运转，这对提高孩子的阅读能力和阅读效率是非常有益的。

深度阅读并不是什么特别高级的东西，孩子们并不需要在取得文学学位后才能掌握深度阅读的奥秘。深度阅读，最重要的是两点："注意力"和"思考力"。它要求你完全忘记真实世界，沉浸在书本的世界里；它要求你专注于你面前的那一页纸，将其他一切都拒之门外。

（二）深度阅读的方法

教孩子掌握下面的一些方法，深度阅读会变得更容易。

1. 为深度阅读做准备

首先，要安排好孩子的深度阅读时间：对成人来说，每次的深度阅读不应该少于30分钟；对这个阶段的孩子来说，每次至少需要15分钟。当然，如果在时间充裕的情况下，每次30分钟也是非常好的。

其次，要找到一个有利于深度思考的安静场所。这个场所应该舒服一点，但不要太舒服，最好不要让人在读书时睡着。比较理想的环境有家里的读写区、安静的咖啡馆、城市的图书馆等。无论在哪里，尽量找一个"能让孩子坐在桌前，书放在孩子面前"的空间。

孩子还需要一支笔和一个笔记本（可以给孩子准备一个专门用于阅读的笔记本）。

2. 提前设定目标和问题

无论我们是否能意识到这一点，我们总是带着问题来阅读一篇文章的。

为了获取知识、为了打发时间，或者为了备考，每个人都有自己的想法和阅读的目的。因此，鼓励孩子在开始准备深度阅读之前，在笔记本上写下这些想法和问题。

也可以更认真一些：不但记下自己的想法和问题，也可以写下自己目前对这个主题的认知，以及选择读这本书的原因。我们在本文后面讲到的"KWL阅读法"，就是非常好的一种办法。

3. 做一个积极的读者

作为家长的我们，读到这里可以回忆一下：上学的时候，是不是经常用各种荧光笔把课本上的很多内容都标出来，直到你看到课本被涂满彩色的印记？

我们之所以这么做是发现"划重点突出显示"是一个好的阅读办法。没错，这的确是一个阅读的好办法，但很多人常常用错了。第一个错误是经常把每一行都涂满，第二个错误是用太多令人眼花缭乱的颜色。

其实，比全篇画线更有效的是着重画线（比如一句简短的话，或一两个关键词），然后在空白处写下笔记，总结书中的观点或写出你标记的原因。比如，笔者自己就会边画线边标注。可能会写：这里作者说明了冬眠最重要的用途；这里作者开始谈第二点了，等等。

很多孩子在一开始可能并不知道该如何画线，我们可以指导他们，首先要特别注意文章中自己以前不知道答案的信息，和自己最感兴趣的信息。比如，假如孩子准备读一篇有关中国春节的文章，可以鼓励孩子想一想，关于春节他有什么特别想知道的，最感兴趣的是什么。让孩子带着问题找答案，是对深度阅读非常有效的训练。

说到这里，笔者还有一个小建议：考虑到孩子视力发展的重要性，我们尽量不要让孩子在电子书阅读器上写笔记。电子书阅读器适合阅读，不适合孩子做笔记。一方面，阅读器上面做笔记和画重点对孩子来说并不如

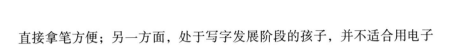

直接拿笔方便；另一方面，处于写字发展阶段的孩子，并不适合用电子笔，还是真正的笔会对孩子练习写字更有益。

4. 写阅读反思

我们可以把"阅读反思"看作一个小小的书评和感受。当孩子读完一篇文章，我们可以鼓励他先说一说自己的感受、问题、疑惑或学到的东西；然后再写下来。这不仅是非常好的写作训练，同时还巩固了阅读内容。

孩子的阅读反思不必太长，也不必太完美。告诉孩子没有人会给它打分。记得笔者小学的时候，语文老师会让我们每周末读两篇文章，然后给每篇文章写100字左右的阅读短评。我们可以随心所欲，想写什么就写什么，比课文后的练习和试卷上的阅读理解有趣多了。老师也不会给我们打分，但是总是会认真阅读，批注两三句鼓励的话。这个写"阅读反思"的习惯，是笔者从小学3年级开始培养的，直到小学6年级，从未间断。

阅读反思最重要的就是即兴写作，不要纠结句子是否完整，不要纠结字是否整齐，最重要的是当下的想法。孩子不仅仅要学会"精雕细琢"地写作，这种速写思考训练也是很重要的。这样才能适应不同场合的需求。

5. 阅读讨论

阅读不应该是孤独的。很多时候，我们强迫孩子读书，但很少关心孩子读了什么，也不知道他读完以后有什么感受。这其实跟我们的阅读偏见有关：我们总是习惯于"单向"阅读，不习惯和其他人口头讨论书中的内容。

去年笔者在沃克伦教育学院做英文阅读课老师的时候，笔者的学生是一群来自世界各地的年轻孩子，为了就读大学本科来读语言课。在课堂上，他们最喜欢的就是"阅读俱乐部"的环节：笔者让他们每周共同读一本书，每周四的课堂上花45分钟时间进行讨论，大家畅所欲言，经常下课了都浑然不觉。

今年笔者也在社群里组织了家长们进行亲子英文共读俱乐部，每周家长们会跟孩子一起阅读两本书。家长们的反馈都好极了。从家长们上传的讨论视频来看，2岁半的孩子都可以对一本绘本提出很多想法了。

所以，这个阶段的孩子，如果能和家长同时读一篇文章，然后互相提问、说说想法和感受，是非常有益的。

深度阅读的意义在于，它可以让孩子的大脑活动起来，磨炼孩子的认知技能，练习专注力，并激发思想。这在当今的快时代是非常珍贵的。

（三）深度阅读的其他小技巧

（1）如果书中的某个章节或段落让你感到困惑，或你觉得读不明白，就暂时停下来，让自己思考一下，然后再继续。我们要让孩子知道的是，有些书就是不适合匆匆读完。这没关系，与其把注意力放在"×天内读完×××字"这样无聊的目标上，还不如把注意力放在"如何从书本中获得尽可能多的价值"上。这才是读书的乐趣和意义所在。

（2）如果有必要，读完一本书后，可以过一段时间后重读它。如果要真正理解重要文章和书本（这里不包括小说），重读是绝对有必要的。当然，我们也会重读小说中中受益。笔者在小学3年级的时候读完了《射雕英雄传》，但在高二的时候才注意到书中有很多非常了不起的写作手法。

（3）不需要为了让书本保持干净，而不敢在书上做笔记。当然，图书馆的书除外！如果是孩子自己的书，完全可以在空白处写字。

（4）可以接连读同一个主题的不同书籍，以加深对这个主题的理解。

二、如何进行精读和泛读

想必大家都听过"精读"和"泛读"这两个相对的概念。

简单来说，精读指的是以掌握阅读方法、发展阅读能力、理解文章内容、积累知识为目的的读书方法。当需要学习一种特定的阅读技巧，或者掌握一种特定的写作手法的时候，孩子们就需要认真仔细地进行精读了。

泛读指的是一般性阅读，主要追求理解文章大意和阅读速度，不需要逐字逐句分析词义、句意（浏览和略读也可以包括在泛读里）。比如，读一本有趣的漫画或者在飞机上浏览一本杂志，这就是泛读。

所以，对孩子来说，在语文课上跟老师认真学习课文就是一种很典型的精读；而在家里悠闲地看一些不需要通过阅读掌握知识技能的书本读物，就是泛读。

（一）如何进行精读

对这一时期的孩子来说，他们还无法精读长篇文章和作品。通常情况下，能从一篇单独的短小文章中学到一些读写的手法就非常不错了。精读的步骤如下：

（1）仔细阅读标题。思考标题里有什么关键字和关键词，思考标题的含义。

（2）通读一遍全文。这一遍不需要完全理解，掌握大意就可以。读完之后，如果要检验自己是否掌握了大意，就拿出纸笔，凭借回忆把大意粗略写下来，不需要太完整。

（3）逐字逐句进行第二遍阅读。这一遍阅读的时候，可以拿出荧光笔，标记出不理解的地方、不认识的新词新句或者你认为用得非常好的成语等。如果是自己很有感触的地方，可以在空白处写下自己的评论和感想，一两句就可以。

（4）查找生词和不理解的用法。根据刚才标记出来的内容，查找生词和不理解的用法，找到答案后，写在笔记本上或空白处。

（5）回顾生词和笔记。几天之后，再去回顾这些生词和笔记，看自己是否记得。如果不记得，再读再查。

（6）横向拓展。如果孩子还是很感兴趣，就去找找其他相同主题的文章，再横向拓展一下。

（二）如何进行泛读

泛读适用于比较长篇的文章和书籍。泛读主要包括一般性泛读、略读、浏览这三种。

根据不同的学习目的，判断需要精读还是泛读。下面再总结一下生活和学习中的不同阅读目的，我们尽量让孩子发现多种不同的阅读目的。

表15　根据阅读目的判断阅读方法表

阅读目的	日常生活中的案例	学习中的案例	范畴
准确寻找文中的信息	在字典中查找一个生词的含义	查找文章参考文献中的其中一条文献信息	精读
寻找文中信息的拓展内容	查找新闻报道中提到的一场事故的详细信息	找出作者写作手法的详细说明	精读
在准备认真通读全文之前，快速纵览文章以便决定是否值得认真阅读	判断一篇杂志文章是否值得全文阅读	判断一篇文章是否有你需要的知识	泛读
快速通读全文，以掌握文章大意	阅读一道菜的菜谱	快速阅读一篇参考文献	泛读
读一本内容轻松的书，不需要完全记住	读小说	出于兴趣，读一个非必修课本的章节	泛读
认真研读全文，记住所有内容	仔细阅读旅行网站上的订票和订酒店步骤	读一篇特别重要的文章	精读

三、高效阅读辅助法

还有一些穿插在精读和泛读中的其他阅读方法，可以独立存在，也可以重叠存在，整理如下。

（一）寻读

寻读是寻找特定的信息的一种阅读技巧。大致浏览一遍文章，寻找你所需要的信息。看行程表、约会计划等，使用寻读能够让你得知所需的具体信息。在寻读过程中，不必担心遇到不理解的单词或短语，继续读就好了。

寻读适用于：

·报纸上的"今日电视"栏目。

·火车/飞机航班表。

·会议指南。

（二）猜读

猜读法，又叫悬测读书法，就是在阅读一本书之前，看前文，并做预想猜测，然后将后文的实际内容与猜想的内容做比较的一种阅读方法。运用猜读法阅读，大脑处于积极的思维状态，心理上有急于了解下文内容是否与猜想的内容一致的意向。因此，大脑对文字语言的选择性理解的效率大大加快。有时只需扫视几个词、几个句子，就能从整体上把握文章的主要内容。猜读法有助于理解文章内容，又可以提高阅读的速度。

猜读适用于：

1. 论文

先研究题目，猜想作者会怎样提出论点，可能会采用什么论据、什么议论方法，然后再读下文。

2. 新闻

想想作者会怎样写，有哪些长处与不足，我从中得到什么启发。孩子这样经过一番猜测，阅读效率会明显得到提高。

3. 小说

可以推测情节的发展、人物的命运等。

（三）跳读

跳读是在阅读中，有意识地跳过一些无关紧要的句段或篇章而抓住读物的关键性材料的速读方法。跳读是通过省略次要信息来加快大脑对文字的反应速度，使阅读速度与思维过程同步。跳读不仅是为了提高阅读速度，还可使读者更深刻地理解内容，提高阅读效率。因为跳读的意义在于舍弃非本质的东西，捕捉本质信息，形成新的思维流程。

（四）扫读

扫读法，就是一种面式阅读法。它要求一眼看几整行文字，抓住所读文章的系统和脉络，寻求所需的内容。这是一种高级的阅读方式。高尔基就是运用了这种纵阅横览的扫读法，每翻一页就像下台阶似的从上到下垂直看，读完了多得惊人的书籍。我国古人说的"一目十行"，就是指这种阅读法。人们一打开书就能发现人名、论点、主要论据等，对内容一目十行解决了阅读内容多与时间少这一对越来越尖锐的矛盾。

扫读适用于：

1. 读杂志

可以从通读目录开始。选择自己需要的文章读。其他的文章做极快的扫描。

2. 读单篇文章

可以"记住标题，了解作者，辨清体裁"，对文章做极快的扫描。

3. 读记叙文

快速浏览，只不过要着重抓住主要人物，主要情节，进而掌握主要内容和主题思想。

4. 读参考书

参考书的重点并不多，据统计，一页中只有2—5个，要紧紧抓牢，其他辅助性、说明性的内容略读而过。

（五）速读

速读或称"快速阅读"，现大多叫作"全脑速读"。人的大脑分为左右两部分，各自分管并对不同的信息内容进行处理。其中右脑主要是对图形和图像进行记忆和加工，而左脑主要是处理诸如逻辑、数字、文字等非形象化的信息。科学研究已经证明，人类进行传统阅读时，主要使用的是左脑的功能；而在采用"速读"方式阅读时，则充分调动了是左右脑的功能作用，发挥左右脑的优势共同进行文字信息的形象辨识、意义记忆和理解，因此"速读"又被称为"全脑速读"。

（六）默读

默读是读的一种重要方式，是语文教学中训练阅读能力的重要方法。由于省去了发音的动作，所以速度快，保证环境的安静，便于更集中地思考、理解读物的内容，并且不易疲劳，易于持久。默读应用范围十分广泛，读书报，查资料，看通知、布告、信件等，都可用默读的方式。

（七）通读

通读就是把文章从头到尾读一遍，而且通常是从最前面开始顺着读下来。通读不拘泥于细节，碰到不懂的地方，略过去，继续往前读。通读并非漫不经心的消遣，在文章重要的地方和不懂之处画线或做记号，同时也视情况做笔记。

（八）选读

选读就是选择一本书或一篇文章的优秀章节进行阅读。一般，已经有人从旁指点，告诉读者一本书或一篇文章哪些部分值得一读时，常常用到选读法。如《全唐诗》收录唐诗4万多首，一般人难以全部读完，就会选读其中的一部分，比如《唐诗三百首》。

（九）朗读

朗读就是清晰响亮地把文章念出来，口里发音，耳朵听声，眼睛看字，大脑思维，这种方法的记忆效果显著。宋朝理学家朱熹主张朗读，"凡读书，须要读得字字响亮，不可误一字，不可少一字，不可倒一字，不可牵强暗记"。

第九章 ┃ 完善输出体系，提升写作速度

　　10—12岁的孩子，写作的基础能力已经得到了突飞猛进的发展，但依然不能说非常成熟。这是因为，他们需要练习各种各样的写作体裁，这样才能遇到任何主题和情况都能有条不紊地写作；他们需要学会修改自己的初稿，确保自己的文章用词更加准确，句子更加漂亮，段落衔接更加自然；他们更需要加快写作速度，因为只有这样，他们才能满足写长文章、限时写作的需要。

一、复杂体裁的写作技巧

在这里我分享了对孩子来说难度较高的七种体裁的写作技巧。

1. 报告类写作

表16　报告类写作要点

核心要点	提醒事项	题材举例	必备技能	适合阶段
事实、非虚构、事件报告或进程报告需要遵循事件顺序	可以进行人称化或非人称化写作；人称化：需要体现出"见证者"的视角；非人称化：用第三人称和被动语态	新闻	会用准确的人称和语气表述	3—6年级
		日记	行文流畅，内容前后连贯	1—6年级
		报告	注意读者的需求；选用合适的词汇	4—6年级

报告类写作也属于非虚构写作的一种。在报告类写作中，孩子最好掌握的是日记。我们从孩子会开始写出连贯的句子开始，就可以给孩子每年买一本日记本，让孩子每天写日记。最开始的时候，日记不需要长，一句

话也可以。但无论长短，必须要以真实为基础。在写好日记的基础上，我们可以尝试让孩子写新闻报道，以"家中的每日新闻""学校的每日新闻"为切入点，按照标准的新闻简报格式来进行写作。除此之外，儿童还可以将自己的生活、所阅读的内容、所学习的知识写成报告。比如，在每学期结束之后，老师或家长可以鼓励孩子写出本学期的总结报告、学习某门课程的总结报告。

2. 论证讨论类写作

表17　论证类写作要点

核心要点	提醒事项	题材举例	必备技能	适合阶段
文中必须包含两种观点，必须对两种观点必须进行比较，必须有结论	可先提出两种观点，并对不同的观点进行利弊分析	论说文	孩子必须掌握"不含个人感情"的客观表达能力；能够展示双方观点；必须学会结论写作	4—6年级
		评估报告		4—6年级
		书评		1—6年级

论证类的写作能力非常重要，但又是中国孩子非常欠缺的。原因主要有三个：缺乏自主思考能力，不会查找相关资料，不熟悉论证写作的结构。中国儿童的阅读量并不小，但我们过度重视阅读的"输入量"，几乎完全忽略了同步输出。从儿童4岁开始，我们应该经常口头提问孩子"开放性问题"，询问孩子对某一件事的看法。等孩子1年级之后，具备了一定的书写表达能力，我们应该从简单的书评写作开始，鼓励孩子为读完的一本书写间断的书评。书评应该是每个孩子都必须熟练掌握的写作体裁，主要包括三个要素：开头段（作者与内容简介）、主体段（内容概述）、

结尾段（正反两方面的评价）。低年级学生的书评内容可以简短，但必须包括这三个要素。随着年龄增长，书评内容应该更长，结尾段可以加入更多的独立思考，包括更深刻的评论、建议的阅读方式、作者的语气分析、作者写作的原因，以及建议的读者群体等。另外，从4年级开始我们应该鼓励孩子写论说文，比如分析一个问题的利弊、优缺点，分析一件事的前因后果，分析一个问题的解决方案等。和书评不同，这类论说文需要孩子学会查找资料。查找资料的两个方式分别是互联网搜索引擎和图书馆。建议孩子从3年级开始就在家长的带领下学会在网络上按关键词查找资料（需要家长监督）。在图书馆查找资料的方法也是需要大家教会孩子的。比如，我们可以给孩子办一张图书证，周末带孩子去图书馆查资料。找书、查资料、借书都由孩子来进行。如果借书回家，请让他自己记住归还时间。

3. 标注类写作

表18　标注类写作要点

核心要点	提醒事项	题材举例	必备技能	适合阶段
清楚、简练的信息	不一定需要完整句子；标题词语冲击力强、吸引注意；分工名册/清单必须准确无误	词目标注	必须清楚写作目的；根据要求，掌握不同形式的展示方式（如合适的字体、字号和排版）	1—6年级
		题注（图配文）		2—6年级
		大标题		4—6年级
		小标题		2—6年级
		清单		2—6年级
		索引/分工名册		4—6年级

标注类写作的核心是词条写作。这类写作除了分工名册/索引之外，通常都是相对简短的词和短语，个别会配上简单句子。词目标注属于标注类写作的一大类，是辅助学习的好工具。孩子可以先从1年级开始练习标注人体部位、动物分类、地理名称等简单内容，不仅可以加深内容理解，也可以识字。题注是解释图片内容的文字工具，帮助读者加深理解。给图片写题注也可以帮助孩子提取图片的核心信息，锻炼表达能力。比较好的题注练习例子：每隔一段时间孩子给准备一本相册，让他自己给相册中的每幅照片写题注。大小标题是写中长篇论述文或报告类文本的要素，可以有效帮助读者厘清内容。清单最常见的形式是购物清单、生日派对准备清单、旅行准备清单、每周事项清单等，我们可以让孩子从低年级开始就写简单的购物和事项清单。清单只需要标题和要点罗列，一个条目一行。索引是帮助孩子复习、总结知识点的好方法，通常需要搭配索引卡使用。在复习时我们可以鼓励孩子使用索引记录知识要点。分工名册通常是跟小组活动联系起来的，通常是跟同学一起制定，用于规定谁在某时应该做什么事的任务划分。孩子升入高年级后，如果老师安排一些小组作业项目，分工名册是孩子完成项目的一种非常好的辅助工具。总之，标注类写作是一种帮助提高效率的辅助工具，家长至少要在小学阶段让孩子熟悉题注、清单和词目标注写作，其他几类可以涉猎一二。

4. 诗歌类写作

表19　诗歌类写作要点

核心要点	提醒事项	题材举例	必备技能	适合阶段
会用修辞；原创性；语言简练，意义深远	节奏、韵律、头韵、尾韵；语言需有共鸣；个人感情强烈	歌谣，儿童诗	准确使用各种词性的词汇，通常需要创新使用暗喻、明喻、拟人、夸张等手法	1—6年级
		散文诗		1—6年级
		古诗类		5—6年级

　　儿童的诗歌类写作往往是从写儿童诗开始的。我们常说诗歌是文学的最高形式，这也意味着儿童最本能的诗歌写作是不可能教授也不需要教授的。孩子是天生的诗人，往往随口一句话就像一首小诗，但这并不意味着我们只能顺其自然。儿童诗的形式没有定法，特点就是孩子词汇量有一定的广度和深度，同时具备联想和创意性的语言。因此写诗的前提是孩子一定要有丰富、深入的阅读。丰富并非完全等同于大量，而是指多体裁、多文化、多角度的阅读涉猎。另外，儿童需要到大自然中获取感受，需要体会不同的环境。太小的孩子如果接触了太长时间的电子产品，是很难体会到真实的客观世界的。如果没有太多时间接触大自然，家长应该在家中多购买大量的画册和摄影集，孩子通过光影绘画的欣赏也可以触发诗歌表达的创意。诗歌和绘画从来就是分不开的。高年级之后，孩子掌握了一定的押韵知识，会写出更有技巧性的诗歌。从二三年级开始，就可以系统性地教授孩子修辞手法。如果学校讲得并不系统，笔者强烈建议大家一定要找其他方式系统地给孩子讲授中英文写作中的修辞知识，修辞是非常重要且

有用的，绝不是只用于诗歌写作。古诗类写作可以简单涉猎，从模仿开始，直到进行原创。但并非每个孩子都喜欢把思维禁锢在"套路较多"的古诗格式之中，因此如果孩子不喜欢，我们不应该强迫孩子创作，但基本的古诗写作的知识是一定要懂的，因为古诗代表的不仅仅是一种创作文体，更多的是一种文化价值和历史知识。

5. 笔记类写作

表20　笔记类写作要点

核心要点	提醒事项	题材举例	必备技能	适合阶段
有选择性、清楚明晰、词语精简	必须掌握学习重点，记录需要有选择；学会基本的几种笔记法	笔记	学会罗列要点；学会总结内容与词语替换；会用必要的符号系统	3—6年级
		摘要笔记		4—6年级
		演讲/辩论笔记		4—6年级

笔记写作是一种非常实用的写作手法。孩子也许从小就记笔记，但很少有孩子了解科学的笔记方法。做笔记需要掌握至少三点：一是了解几种最常用的笔记法，二是掌握笔记的核心写作要素，三是运用排版和颜色来突出重点。

目前常用的笔记法有康奈尔笔记、提纲笔记、思维导图笔记、KWLH笔记，321笔记、视觉笔记。对小学生来说，最适合的是321笔记（3个学到的事实、2个我想到的问题、1种我的观点），因为它最简单，结构最易懂，同时还兼顾了输入输出、记忆与思考。不过笔者也建议家长自学其他几种笔记后教给孩子，因为不同学科和内容需要不同的笔记法，孩子都学会之后就能够灵活运用。

学会笔记的核心要素，即绝不写多余的话，尽量言简意赅，学会罗列要点、替换词和总结词。我们可以从任何一篇课文、一个公式的讲解、一篇科普短文切入，尝试让孩子练习使用这些核心要素。

一定要学会排版，善用颜色标记。排版的要素是尽量不要把纸写满，而要留出空行，并且字体大小合适，这样复习起来会更加方便。颜色就一定要教会孩子善用不同颜色的记号笔和荧光笔，给不同层级的概念标记不同的颜色。

6. 大纲 / 总结类写作

表21　大纲类写作要点

核心要点	提醒事项	题材举例	必备技能	适合阶段
选择核心要点；学会合适的排版布局	简练表达；有整体框架意识	大纲	能找出核心内容；	3—6年级
		概要总结	能进行时间安排；能找出主要内容	3—6年级

小学阶段大纲写作的主要目的是做写作大纲、复习大纲和计划大纲。大纲写作需要孩子具有一定的结构和框架意识，因此最好从三四年级开始尝试。此时的孩子可以大胆尝试写一些虚构类、报告类或论证类的体裁，如果篇幅较长，那么我们需要让孩子制定一个写作大纲。例如，一个热爱虚构体裁的孩子，如果他可以阅读整本小说，那么我们可以大胆鼓励孩子尝试自己写小说。从策划题目、人物、情节到章节主旨，家长可以一起跟孩子商讨小说大纲，反复修改核心内容和每部分的完成时间。这是一种非常珍贵的写作锻炼。概要总结的目的主要是帮助孩子理解复杂的阅读内容，因此需要儿童理解重点，然后写出要点即可。例如，阅读完一篇关于

太阳系的科普文章，3—6年级的儿童应该根据文章内容，以要点形式写出文章的几点主要内容。

概要总结不局限于文字形式，视频、课堂内容、口头讨论等都可以进行概要总结。家长应该多给孩子提供机会进行概要总结，有助于孩子掌握核心内容。我们也可以把它作为一种家庭游戏，例如每周找一篇文章，爸爸妈妈、爷爷奶奶和孩子同时进行阅读，读完之后每人写一篇简要的概要总结，大家一起讨论，交换建议，甚至可以最终写出一个共同的概要版本，孩子会非常喜欢。

7. 评论分析类写作

表22 评论分析类写作要点

核心要点	提醒事项	题材举例	必备技能	适合阶段
严密的逻辑思维；有自己的观点	使用充分的逻辑连接词；结构清晰明白，文末有总结	评论	思维必须有逻辑性，并且能够进行逻辑表达；能查找、使用证据进行证明	1—6年级
		分析		3—6年级
		假想		5—6年级

评论分析写作最重要的就是有逻辑地表达自己的观点。逻辑连接词在评论分析文章中起了至关重要的作用。我们应该让孩子从了解和运用并列和因果连接词开始，逐步学会运用递进、转折、假设、让步等连接词。连接词所表现的其实就是相应的论证方法。评论侧重给出评价，分析侧重给出因果并提出解决办法，假想则侧重严密的证据论证。对小学生来说，这三种写作不仅仅是写作技巧的表现，更是思考能力的外显，因此一向是较难的，属于布鲁姆教育分类学的高层次目标。由于逻辑思维绝非一蹴而

就，因此我们从孩子4岁开始就可以训练其逻辑思维能力，比如给孩子买一些权威的逻辑练习册。上小学之后，在生活中我们应该重视孩子的想法，尊重孩子的观点，而不以权威压制孩子，这一点至关重要。自由的土壤才能培养出真正的思维。独立的思维与想法培养出来之后，孩子还必须经过系统的逻辑表达训练。如果没有时间经常进行书面的评价和分析写作，那么在口头上也应该常常进行这样的锻炼。建议：从孩子3年级开始，家长应该每周给孩子准备一个问题或现象，让孩子进行简单的评论分析写作，不需要很长，但一定要结构严密。如果家长可以胜任，那么家长也可以对之进行讲解。但如果有条件的话，最好找专业老师进行讲解批改。这会对他以后的学业非常有用。

二、如何改出好文章

回想笔者的学生生涯，第一次正式尝试"修改手稿"，竟然是大四写毕业论文的时候。虽然笔者从小学开始就写作文，但真正的"修改"技能，从未正式而系统地学习过。

其实，北美的孩子从三四年级开始就要学习如何修改自己的文章，特别是议论文。修改文章的好处是什么呢？

1. 让孩子知道，好文章都是"改出来的"

很多家长会追求让孩子下笔如有神，或者文思泉涌。实际上，这是一个错误的观念。如果长期秉持这样的观点，我们的孩子每次写作的时候就会想："我要是写不好怎么办？""我现在没灵感，我不会写，我不敢写。"我们要让孩子明白，最开始的文章不需要完美，一两个想法，一个不够严谨的初稿，一段简单的话，都是可以的。写下来之后，再去修改和补充，是完全没有问题的。久而久之，孩子的写作自信心就会大大增加。

2. 让孩子的写作逐渐成熟化

当孩子上了中学、大学之后，"修改文章"的技能会越来越重要，因为这是学术写作的需要。因此，掌握修改手稿的步骤，是孩子逐渐成熟化写作的标志。

总的来说，修改手稿的步骤可以分为这样几步，建议老师和家长好好了解之后再教给孩子。

1. 找到写作的重点

任何写作都是有信息的。因此，你要问的第一个问题是：你的这篇文章中，最重要的信息是什么？

例如，在一篇博客文章中，你的价值观和想法就是重点；在广告文案中，一个令人信服的购买理由就是重点。

如果是一篇实用性文章，你大概率会提前知道要把什么作为重点。比如，你给朋友写一份菜谱，你的目的是让朋友能做好这道菜，所以应将重点放在做菜的步骤上；如果你的爸爸问你新买的手机怎么用，你知道你写的这篇东西（无论长短、也无论是在手机上还是纸上）的重点就是教会爸爸怎么用手机。总而言之，你很清楚你的读者在阅读你写的内容之后应该做什么。

但是，如果你是没有目的地随性写作（比如学校里要求很多孩子写的周记），那么这个内容的重点可能就是模糊的，因为你没有一个明确的大纲。

没错，这可能是因为我们每天可写的东西太多了。"选择太多，反倒无从选择"的确是一句真理，因为在繁杂的内容中找到重点是一件很不容易的事。因此，笔者建议，鼓励孩子在快速写完草稿后，进行一遍快速阅读。此时请忽略任何写得不好的句子，而只专注于宏观方面，比如，这篇文章总的来说是关于什么的？有什么目的？

下面是一些你可以问孩子的问题，会帮助他们较快地找到自己文章的重点。

· 我希望读者读完之后，采取什么行动？

· 最有说服力的理由是什么？

· 为什么这篇文章对我/对读者/对大家很重要？

· 读完这篇文章，读者可能对什么信息最吃惊？

· 这篇内容中最吸引人的是什么？

· 我的读者读完之后，会有什么收获？

· 这篇文章能解决什么问题？

2. 创建内容流程

假如你的文字是一段旅程，你是如何带领你的读者进行旅行的？

这个比喻是很恰当的：读者会注意你文章段落的逻辑顺序，也会驻足欣赏你的想法，以及论点与论点之间的关系。

因此，如果你能在写作前有一个清晰的大纲，你就可以参照大纲去检查自己的文章是否遵循了大纲的流程。如果有了偏差，就可以进行添加、删除或修改。

但是，正如笔者所说，如果你的这篇文章本身是随性而写，并没有大纲（就像孩子写一段日记一样），你就需要检查每一个段落，看看这个段落是不是有用，对你想表达的信息本质有什么贡献。检查之后，你也许会发现有些段落可能是多余的，或者你可能需要重新安排段落的顺序。

这一步主要是为了检查文章段落的流程，因此速度需要快一些。即使你发现了一些写得不够好的句子，在这一步依然不需要管它。

如果孩子有能力的话，可以提醒他们在检查内容时，列出每个段落的中心思想。然后根据下面的问题快速检查。

· 这些中心思想在逻辑上是否相互关联？

· 是否包括任何可以删除的、无关紧要的内容？

· 是否遗漏了任何重要的想法？

总之，让孩子牢牢记住一件事：一个好的文章流程能让你的读者紧紧抓住你的内容，急切地想知道你的故事或论点的下一部分。因此，要始终注意保持文章的重点，同时修剪所有不必要的内容。

3. 增加实质内容

其实，写作是一个"扩展"和"收缩"的过程。

在前两个修改步骤中，你已经修剪了"笨重"的内容，把注意力集中在你的信息本质上。

北美的写作课堂上，常常有老师遇到这样的情况：学生在进行完前两步之后，愁眉苦脸地来问老师："老师，我把我的内容快删没了，好像没什么东西了，怎么办？"

确实，"修订"本身就是一个可怕的过程，你可能会怀疑经过删减之后，你的文章是否还会留下足够的内容。

但是，不要担心。在第三步的时候，你就需要增加内容，以澄清和说明已有的一些信息。这一步也有助于提高文章的说服力。

那么，我们该如何增加内容呢？

虽然不同的文章有不同的内容，但笔者的建议是：增加一些真实的例子、生活中发生的事或者你的真实感受和更多的细节。如果你在文章中描述了一件事的过程，那就把曾经一笔带过的地方多写几句；如果你的文章是一篇小小的议论文，那就给你的观点多加一些理由。

写作就像在画一棵树：在前两步所定好的内容就好像这棵树粗壮的树枝，第三步添加的内容就仿佛树枝上的旁枝和绿叶。但你并不需要再多添加一根粗壮的树枝了。

一旦孩子顺利完成了第三步，他就会知道自己的写作内容是正确的。那么，下一步就是逐字逐句地编辑、润色了。

4. 逐字逐句地编辑

编辑已经写好的句子，往往正是魔法出现的时刻。

在这一步，你的任务是把"破烂不堪"的句子变成能令人产生愉悦的阅读体验的句子，让你的文字闪闪发光，摇曳生姿。你小心地擦亮每一个字每一句话，这样才能准确又生动地表达你的信息，让你的读者脸上露出笑容。

编辑的任务可以非常多，但是对10—12岁的孩子而言，最重要的任务是以下这几项：

（1）看看自己的句子哪一句太长。如果太长，就看看句子里的哪个词可以删掉，因为短句更容易阅读。

（2）看哪些词用了太多次，太过重复。如果有的话，将它们替换成同义词。

（3）大声朗读你的文章，仔细听听哪句话的语法有问题。让父母当你的听众，帮你找到你自己发现不了的问题。

我们可以尝试让孩子们把编辑文章当成一种游戏和实验，他们会觉得非常有趣。比如，试试不同的词，玩玩不同的句子结构。太多的排列组合像文字魔法一样，只要找到其中的秘诀，孩子就会乐在其中。永远别苦着脸对孩子说："快去修改你的文章，不能有错！"要允许孩子在编辑中出错，并引导孩子积极、乐观地面对，这样孩子反而能明白编辑的奥秘。

当然，我们要时刻提醒孩子，"编辑"并没有标准答案，也没有参考模板，因此不需要追求完美。在孩子熟悉编辑活动之后，尝试给他们限定一个时间（比如10—15分钟），告诉他们要在这个时间内尽量完成一次完整的编辑。

5. 校对

最后，别忘了校对。现在摆在孩子面前的是一篇重点突出、内容完整的文章，但我们一定要校对一遍错别字。

我们要从小就告诉孩子，错别字绝不是一件小事。想想看，当你在阅读一篇内容非常不错的文章时，文章里的错别字却非常多，你对这个作者的印象会好吗？因此，最后一步的校对是不能省的。

为了确保不出现"低级"的错别字，请要求孩子多读几遍自己的文章（包括考试时的作文也一样）。有一个笔者常用的方法是倒着读自己的文章。倒读不会让你因为太习惯于文章内容而忽略错字。

还有一个真理是："在别人的文章中，我能往往能发现更多的错误。"因此，如果孩子能找到一个写作小伙伴，两个人互相校对对方的文章，也是非常有用的！

三、如何提升写作速度

从10岁开始，很多老师和家长会发现，孩子之间写作的速度差距越来越大了。低年级的时候，我们可以把写作慢归咎为写字慢、握笔姿势不正确等；但到了小学高年级，恐怕就是平常的写作习惯问题了。下面的一些方法，对这个阶段的孩子是有益的，甚至可以使其受益终身。读完之后，请你跟孩子一起讨论下面的方法，尝试使用其中几个，看看是否有所改变吧！记住，不需要每个都尝试，找到合适自己和孩子的方法就好。

1. 每天都写

有多少孩子是每天都可以写作的？或者，在过去的一周，你的孩子每天都会写作吗？

是的，如果想提高写作速度，那么尽量每天都写。写作就像一块肌肉——你越是加强锻炼，它就越强壮，越精干，越有效率。即使你没有截止日期，留出每天的写作时间也很重要。现在请你拿出纸笔，把孩子的每日时间安排详尽地写下来，然后留出至少15分钟的时间，这是孩子每天自由写作的时间。

笔者比较建议一开始从简单的日记开始写，然后再写一写其他文体，议论文、小散文都可以。这种每天的练习不需要纠结能写什么，或者能写多少，重要的是每天写，让它成为孩子的一种习惯。

2. 从自己最熟悉、最感兴趣的主题写起

跟我们大人一样，孩子最有话可写的，一定是他最熟悉的主题。比如，如果孩子特别喜欢读恐龙主题的书，那么我们可以鼓励孩子每读完一段就写一个小书评；如果孩子特别善于观察生活中形形色色的现象，就让他每晚找出白天最感兴趣的一个现象，写写感受；如果孩子特别喜欢读魔幻小说，可以试试让孩子自己写一写魔幻内容的文章。不一定要是完整的小说，也可以创造一个魔法人物、描述一个魔法技能等。

3. 写大纲

每当笔者急着做事的时候，就会想起一句特别有道理的谚语："磨刀不误砍柴工。"对写文章来说，有时候先别急着下笔，而是先列出你想要写的内容大纲，反倒会加快你的写作速度。

以最简单的《我的一天》为例。最开始，我们可以让孩子尝试写出这篇文章他想要写的一些关键词，比如这一天里遇到的人、看到的东西、心里的感受。然后，我们可以让孩子在纸上写出第一段、第二段、第三段这样的标记，然后把关键词分配进去。最后，我们可以进一步细分，第一段要写几句话？第二段要写什么细节？第三段会不会有一些景物描写？

这就是一个非常完善的写作大纲。等孩子真正动笔的时候，他不但完全知道接下来写什么，也完全不会跑题。这反而会让他节省不少时间。

一个好的写作者总是会有自己的写作大纲的不管形式是什么样，大纲

总会让你写得更好、更快。

4. 收集有用的信息

收集信息的过程其实也就是给自己的作文或文章积攒素材的过程。我们每个人写作的时候都会需要各种各样的素材：硬知识、名人名言、数据、新闻报道的内容、美好的诗歌等。这些信息都可以帮助你快速想出观点和细节，让你不再卡壳。

而加快写作速度的一个重要方式，就是扫除让你卡壳的障碍。因此，平常的阅读和记录依然是非常有用的，"未雨绸缪"是特别重要的。也许你当下并不需要这些信息，但未来（课堂作文小测验、语文考试时的作文）你总会用得到。

5. 摆脱外在的干扰

外在的干扰实在是太多了：电视机的吵闹、手机应用程序的有声提醒、网络游戏的诱惑等。心智尚未成熟的孩子比成年人更难抵挡这种即时性的诱惑。因此，我们要告诉孩子，在真正写作（包括写作业）的时候，要给自己一个安静的环境和书桌。虽然10岁的孩子很少会有自己的手机，但很多玩手机的家长也会干扰孩子。比如，有不少父母在陪孩子读书、写作业的时候，会边看手机边陪读，甚至会去刷小视频。这样的情形下，孩子怎么可能不受干扰呢？

因此，作为家长，请你以身作则，给孩子创造一个安静学习、专心致志的机会吧。

6. 设定一个小挑战

如果有机会的话，我们可以给孩子设定一个挑战。比如，你能在10

分钟内写下一个200字的小故事吗？300字呢？

孩子在完成之后会惊喜地发现，原来自己集中注意力后，竟然可以写下这么多字！

7. 适当使用计时器

有时候，用计时器来帮助自己专注写作是非常有用的。孩子可以使用可视化的时钟，或者沙漏、倒计时设备。当孩子写作的时候，它不仅可以帮助家长跟踪孩子的进展，知道孩子的写作速度，也可以让孩子改掉拖延的习惯——当孩子意识到时间每分每秒地在流逝时，就很难浪费时间了。

8. 远离完美主义：别着急，先写再改

就像前面说的那样，不要让孩子认为一旦写下来，就必须是完美无缺的东西。不管有什么样的想法，先写下来再说，以后再修改。伟大的文章很少是一字不改的，大都经过了无数次的修改。写初稿的时候，先别管错别字，别管标点符号，别管是否完美。先写一个整体出来，然后对其进行修改、润色。千万不要写一句，改一句，这样太浪费时间了。

9. 适可而止

适可而止是特别好的习惯。比如，如果你的计时器响了，而你有一个句子还没写完，这时你要停下来。

与其急于完成，不如把它留到第二天。懂得停下来，反而会让你更能长期坚持这个习惯。因为你知道这不会占用你太久时间。

第十章 | 四大思辨读写法，
        把学到的知识系统化

　　大多数的10岁孩子已经开始主动思考问题、质疑生活中的现象
了。这个时候，也是我们给孩子引入思辨读写训练的最佳时期。思
辨读写训练和普通的读写训练不同，它不仅仅是让孩子理解和记忆，
而且是让孩子在理解和记忆的基础上分析、判断、评价和创新。

　　本章中的一些方法，笔者会使用"引导讲解"的结构来展示，
因此老师和家长们完全可以把本章中的具体变成一个个可以真正用
得上的教学计划，来直接帮助孩子学会这些方法。

一、书评写作：帮助孩子深度思考

写书评不仅仅是学习如何写作，而是学习如何以某种方式阅读和思考。大多数人写书评是因为他们对一本书有强烈的感受（或因为老师要求他们这样做），这意味着写书评是一种更深层次的写作，而不仅仅是随便写写自己是否喜欢这本书。更进一步说，在书评里，你必须解释你对这本书的感受与看法：这只有深度思考和阅读才能做到。

所以，如果你的孩子喜欢一本书，你又很想让他们通过这本书进行深度思考，那么就鼓励他们写一篇书评吧！以下就是一些可以让孩子开始尝试写书评的小方法。

1. 了解背景知识

如果在开始之前就对这本书的背景知识有所了解，那么阅读和分析这本书就比较容易。另外，孩子们还可以通过粗略阅读故事简介（扉页、网站评论、百科等）来了解作者、书中的主要人物、相关的社会背景等等。在阅读之前，最好翻开书页浏览章节标题，对所要读到的内容有一个基本的掌握。

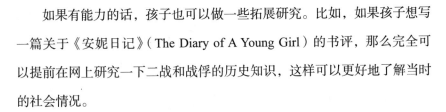

如果有能力的话，孩子也可以做一些拓展研究。比如，如果孩子想写一篇关于《安妮日记》（The Diary of A Young Girl）的书评，那么完全可以提前在网上研究一下二战和战俘的历史知识，这样可以更好地了解当时的社会情况。

2. 停顿和记录

当你阅读一本很喜欢的书时，往往会读得很快。这会导致你读完之后，可能会忘掉书中最好、最有趣的部分。而这些也恰恰是书评中应该体现的精华部分。因此，一个很有用的办法就是，每读到有趣的地方就停顿一下，写下几句话来简要说明正在发生的事情。你可以写任何你脑中浮现的想法：这句话哪里很好？这个名言让我想起了什么？我为什么喜欢这个词？作者的这个观点我是否同意？为什么？

3. 关注你对这本书的感受

根据笔者的经验，当我们让孩子讲讲自己喜欢的一本书时，孩子们往往只会"如实"告诉你这本书写了什么：首先，书中的人物醒来了；然后他们吃了早餐；然后他们去上学……通常他们会逐个场景复述，而不会描述自己对这本书的感受。然而，书评并不是对书本内容的简单概括。在书评中，重要的不是描写书中人物每天经历的事情，而是要写下来你在阅读过程中的感受，以及这些具体的事情会让你了解到什么知识、明白什么道理。

4. 书评要尽量客观

和上一点相应的是，当我们鼓励孩子写出自己"为什么喜欢这本书"时，也可以让孩子尝试写下来"这本书有哪些不好"。没有一本书是完美的，因此孩子需要在写书评的过程中培养他们的"审辩力"。比如，如果他们认为故事的某些部分不现实、某些情节太啰嗦，书评里完全可以写这些。

5. 角色是一切

一般来说，故事中的角色是吸引人们看书的原因，因此在小读者阅读一本书时，他们应该关注的是：角色是谁？怎么成长起来的？角色是否讨人喜欢？他们遇到困难时是怎么应对的？你是否希望放学后能和他们一起出去玩？

当人物说了一些有趣的、好玩的或有代表性的东西时，把这句话写下来，这样就可以在自己的评论中和其他读者分享。或者也可以单独为一个角色写一篇独立的书评：比如《哈利波特》系列里的主人公们。如果孩子特别喜欢赫敏格兰杰，完全可以为她一个人写一篇评论。

6. 注意一切"不寻常"的地方

如果你很喜欢一本书，可能并不是因为它和你之前读的书相似，大概率是因为它和你之前读的书都不一样。因此，你一定要明确是什么让这本书与其他书相比如此特别。

7. 与你读过的其他书进行比较

在上一点的基础上，如果你发现了一本书的不同之处，也可以考虑它和其他书的相似之处。这种比较性的书评可以让之后的读者判断自己是否会喜欢这本书，或应该在阅读的时候注意哪些地方。比较性的书评可以让书评变得更丰富。

二、康奈尔笔记法：更好地理解和复习

康奈尔笔记法，是由美国康奈尔大学的沃尔特·帕克博士发明的一种超实用的笔记法。他并非只是单纯地讲授如何记录课堂学习内容，而是教会大家一种思考与运用相结合的有效方法，来帮助更好地理解和复习。

康奈尔笔记法把一张纸划分为三个区域，这三个区域分别是：

（1）主栏：在阅读、听课时，即时记录听到和学到的内容。

（2）线索栏：课后，写出主要内容的关键提示。

（3）总结栏：复习时，用1—2句话总结当堂内容。

使用步骤：

（1）记录：在听讲或阅读过程中，在主栏内记录主要内容。

（2）简化：课后，在线索栏中进行简化，填写内容要点。

（3）背诵：把主栏遮住，只看线索栏，口头叙述课堂上讲过的内容。

（4）思考：在总结栏用一两句话总结整节课的内容，并想出几个相关问题（本课的重要性在哪里？我如何在学习中用到它们？我还有什么疑问？等）。

（5）复习：每周花10分钟时间，快速复习本页笔记。

表23　康奈尔笔记法

线索栏	主栏
· 主要的想法 · 提问 · 图表 · 帮助回忆的提示 填写时间：课后复习时 　　　　②简化 　　　　③背诵	记录听讲、读书内容 填写时间：听课、阅读、开会时 　　　　①记录
总结栏	
· 记入最重要的几点 · 写成可以快速检索的样子	填写时间：课后复习时 ④思考 ⑤复习

现在，你可以让孩子阅读这样一段话：

"大熊猫体型丰腴富态，头圆尾短。毛色为黑白两色，内八字走路，它们的爪子像解剖刀一样锋利。大熊猫是中国的特有物种，主要栖息地为四川、山西和甘肃的山区。大熊猫爱吃竹子，爱爬树，也爱睡觉。每天有一半时间吃竹子，一半时间是在睡梦中度过的。人工养育的大熊猫，寿命可以超过30岁。大熊猫已经在地球上生存了至少800万年，被誉为'活化石'和'中国国宝'。"

然后，让孩子想一想，这段话如何体现在康奈尔笔记中。你可以让孩子尝试自己来写，也可以先让孩子看一下参考笔记：

表 24　笔记题目：大熊猫

体型	丰腴，头圆尾短
毛色	黑白
走路	内八字
爪子	锋利
栖息地	四川、山西、甘肃
喜好	吃竹子、睡觉、爬树
寿命	30 年
存活时间	至少 800 万年
总结：大熊猫的特点	

背诵练习：我们现在遮住主栏，只看线索栏，你能回忆一下大熊猫的特点吗？

表 25　笔记题目：大熊猫

体型	
毛色	
走路	
爪子	
栖息地	
喜好	
寿命	
存活时间	
总结：大熊猫的特点	

思考练习：现在请根据笔记内容，提出几个思考问题。以供以后拓展学习。比如，大熊猫为什么生活在四川？它什么时候吃竹子？什么时候睡觉？它怎么能存活这么久？

复习练习：我们现在把主栏和线索栏都遮住，只看总结栏，你能回忆一下大熊猫的特点吗?

表26　笔记题目：大熊猫

总结：大熊猫的特点	

我们来看另外一段话：

"汉语又称华语，它历史悠久，使用人数最多，世界上使用汉语的人数至少有15亿。汉语是中国的通用语言，也流通于新加坡、马来西亚、缅甸、泰国等东南亚国家，也是联合国的工作语言之一。古代的书面汉语被称为文言文，现代书面汉语被称为白话文。现代汉语还有标准语和方言之分。标准语也叫普通话，以北京语音为标准音，一共有四个声调。汉语方言被大致划分为13种。中国大陆地区，我们使用汉语简体字；而在中国港澳台地区，一般使用汉语繁体字。随着中国实力的强大，现在也有越来越多国家的人们正在学习汉语。"

请根据上面这段话，用康奈尔笔记法记笔记。

参考笔记：

表 27 汉语

别称	华语
使用人数	至少 15 亿
国家	中、新、马、缅、泰
古代	文言文
现代	白话文
标准语	普通话；北京音；四声
方言	13 大类
大陆	简体字
港澳台	繁体字
其他	更多外国人学习汉语
总结：汉语简介与特点	

背诵练习：我们现在遮住主栏，只看线索栏，你能根据线索简单介绍一下汉语吗？

表 28 汉语

别称	
使用人数	
国家	
古代	
现代	
标准语	
方言	
大陆	
港澳台	
其他	
总结：汉语简介与特点	

思考练习：请根据笔记内容，提出几个思考问题。以供日后拓展学习。

比如，为什么新加坡人也说汉语？方言的 13 类分别是什么？大陆是从什么时候开始使用简体字的？外国人是怎么学汉语的？

三、七副眼镜阅读法：多角度理解文章

现在，请跟孩子做一个阅读小游戏：让孩子挑一篇文章（从课本、杂志等中选择都可以），你们同时阅读，读完之后，每人写三句读后感。然后你们一起对比，找出你们之间观点的不同之处。这个游戏非常有意思，父母和爷爷、奶奶都可以参加。

现在，请孩子仔细思考一下：大家的观点有相同之处吗？有不同之处吗？请孩子分别说一说。

没错，100个人眼中有100个哈姆雷特，每个人的观点都跟其他人不完全相同。如果我们会利用这些不同的观点，可以有效锻炼我们的思考能力。这些观点就像一副副眼镜，能帮助我们更好地理解一篇文章。

所以，对同一篇文章而言，只考虑其中一个方面是不够的，我们可以从不同的角度去解读一篇文章。这也是这个阶段的孩子可以尝试学习的方法。

但是，孩子们可能一时半会儿很难想出特别多的观点，因此我们可以用一个超级好用的方法：七副眼镜阅读法。学了这个阅读法之后，孩子不

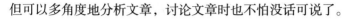

但可以多角度地分析文章，讨论文章时也不怕没话可说了。

我们先跟孩子一起读一篇文章。

凿壁偷光

西汉时候，有个农民的孩子叫匡衡，他小时候很想读书，可是因为家里穷，没钱上学。

匡衡买不起书，只好借书来读。那个时候，书是非常贵重的，有书的人不肯轻易借给别人。

匡衡就在农忙的时节，给有钱的人家打工，不要工钱，只求人家借书给他看，他一天到晚在地里干活，只有中午歇晌的时候，才有工夫看一点书，所以一卷书常常要十天半月才能够读完。

匡衡很着急，心里想，白天种庄稼没有时间看书，我可以多利用一些晚上的时间来看书。可是匡衡家里很穷，买不起点灯的油，怎么办呢？

有一天晚上，匡衡躺在床上背白天读过的书，背着背着突然看到东边的墙壁上透过来一线亮光，他猛地站起来走到墙壁边一看，啊！原来从壁缝里透过来的是邻居的灯光。

于是，匡衡想了一个办法，他拿了一把小刀把墙缝挖大了一些，这样透过来的光亮也大了，他就凑着透过来的光亮读起书来，匡衡就是这样刻苦学习，后来成了一个很有学问的人。

后来人们就用"凿壁偷光"这个成语形容家贫而读书刻苦。

下面我们来用"七副眼镜阅读法"分析这篇文章。

1. 真假眼镜：分析这个故事是真是假

我们读一篇文章，为什么要先分析是真是假？（不被错误信息蒙蔽）

如何分析是真是假：查资料、思考每句话是否合理、做实验。

具体分析：让孩子们再读一遍故事，找出自己觉得可能不是真的的内容，以及自己觉得不合理的信息。（比如，西汉真的有这个人吗？现代人怎么知道的？用小刀能穿透墙壁吗？邻居家的光从墙缝里穿过来，真的能看清书上的字吗？）

结论：你觉得这个故事真实的可能性有多大？做出你的判断，给出理由。

2. 得失眼镜：故事主人公得到了什么？失去了什么

仔细回想一下：主人公在故事中做了什么事？（给别人家干活、借人家的书看、借光看书）

他得到了什么：免费借书的机会，不用买油灯就能看书。

他失去了什么：失去了工钱，可能在未来会失去健康。

思辨能力升级：我们做任何一件事，在得到一些好处的同时，都会失去另一些好处。

3. 大小眼镜：故事从大的层面和宏观角度看，会得出什么观点？从小的层面和个体角度看，会得出什么观点

大的层面和小的层面分别指的是什么？

大的层面：整体层面、社会层面、国家层面。

小的层面：个人层面、家庭层面。

大的层面：你有什么观点？

小的层面：你有什么结论？

4. 正反眼镜：故事从正面角度看和从反面角度看有什么不同

正面看：主人公做的对吗？

反面看：主人公做错了什么？（破坏了墙壁或对眼睛不好）

5. 主次眼镜：故事的主要冲突是什么？次要冲突是什么

主要冲突：没钱读书。

次要冲突：白天没时间读书。

6. 长短眼镜：故事主人公的选择从长期看和短期看是否明智

短期看：太辛苦，人需要休息，所以不明智。

长期看：短暂的辛苦，换来了自己的文化和本事。

7. 前后眼镜：把故事向前看，分析故事有哪些原因？把故事向后看，哪些是将要发生的问题

前因有哪些：为什么他们家穷？为什么爱读书？

后面会怎么样：成为有学问的人，可能身体和眼睛会不好。

我们可以把这7副眼镜写在白板上，让孩子边思考边说/填写。假如孩子的答案跟你的不同，不要急于纠正他们，一定要鼓励他们敢于说出自己的观点！因为七副眼镜阅读法本身非常考验孩子的思考力。

练习：材料分析（可分析一个经典童话故事或寓言故事）

三只小猪

有三只可爱的小猪，它们都想建一座漂亮的房子。

老大随便用稻草围成了一座房子。"哈哈，我有自己的房子了！"老大乐得欢蹦乱跳。

老二呢，用木头建成了一座房子。

老三却想用砖瓦砌一座房子，于是它夜以继日地干了起来。哥哥们早就住进新房子了，它还在不辞辛苦地砌墙、粉刷。这样整整过了三个月，老三的新房子也盖好了。它好高兴啊！因为它的房子比两个哥哥的房子漂亮、结实多了。

有一天，来了一只大野狼。老大惊慌地躲进了自己的稻草屋。野狼"嘿嘿"地冷笑了两声，狠狠吹了口气，就把稻草屋吹倒了。老大只好逃到老二家里。

大野狼追到老二家门前停了下来，心想："你们以为木头房子就能难住我吗？"它用力向大门撞去。"哗啦"一声，木头房子被撞倒了。

兄弟俩只好拼命逃到老三家，气喘吁吁地说："狼来了！"老三赶紧关紧了门窗，胸有成竹地说："别怕！没问题了！"

大野狼站在大门前，它知道房子里有三只小猪，可不知怎样才能进去。它对着房子又吹又撞，可是房子坚不可摧。

大野狼气急败坏地绕着房子转了一圈，最后爬上屋顶，它想从烟囱溜进去。老三从窗口发现后，马上点起了火。大野狼滑下来时，刚好掉进火炉里，熏得够呛，整条尾巴都烧焦了。它嚎叫着，夹着尾巴逃走了，再也不敢来找三只小猪的麻烦了。

用三段式的演讲结构，结合七副眼镜阅读法，分析一下这个故事，可以让孩子参考下面的演讲模板。

大家好，我是××，今天我读了××，有很多感触。下面我用"七副眼镜阅读法"来给大家讲讲这个故事。

故事的大意是……

从真假眼镜来看，……

从得失眼镜来看，……

从大小眼镜来看，……

从正反眼镜来看，……

从主次眼镜来看，……

从长短眼镜来看，……

从前后眼镜来看，……

这就是我对××的分析。欢迎大家跟我一起讨论！

四、KWL 阅读法：厘清阅读思路，获得新知识

KWL 阅读法是一个非常简单实用的阅读法，可以用在所有非虚构读物（其实很多虚构类读物也可以）、童书等的日常讨论中。

KWL 阅读法是学者欧格尔于 1986 年提出的一种家长和老师可以指导孩子进行阅读和讨论的策略，目前被广泛运用于北美的 K12 课堂中，很多上家庭学校学生的家长也会运用这一方法，帮孩子厘清阅读中的思路和知识储备。

KWL 阅读是一个极其简洁的表格形式，如下。

表 29　KWL 阅读表

我已经知道了什么？ K	我还想知道什么？ W	我新学到了什么？ L
1. 2. 3. 4.	1. 2. 3. 4.	1. 2. 3. 4.

K是"What I know"：讨论和回忆自己对这个主题的已知内容。比如，在阅读一本绘本和学习一个新知识前，我们可以先跟孩子一起讨论他对这个话题已经知道了哪些知识（孩子边说，家长可以边填写进KWL表中），引导孩子梳理关于某个主题的已有知识；你也可以相应地帮助孩子补充，让孩子从你的补充中增进自己的知识。

W是"What I want to know"：问问孩子关于这个主题还有什么想知道的其他内容。随便什么问题都可以，只要是孩子不知道的，都可以写下来，这就成为孩子阅读本书的目的。

L是"What I Learned"：通过阅读这本书，我得到了什么知识？之后就要开始阅读了，我们跟孩子读完之后，尝试从文章或书中找出上述问题的答案，并总结自己在文章中学到的新知识。即使不是问题的答案，其他任何的新知识也可以填写在这里。

KWL阅读法非常易于掌握，除了课堂讨论外，也特别适合那些不知道如何更有效地进行亲子阅读的家长。

比如，麦、圈读的《神奇校车：飞离鸟巢》这本书，笔者就事先做了KWL阅读表，然后让孩子根据这张表进行了阅读。

第一步，手绘KWL的阅读表，如下。

表30 《飞离鸟巢》KWL阅读表

已知K	想知W	新学L

第二步，笔者把书拿出来，跟麦、圈逐字逐句阅读封面上的标题和文字，然后一起探讨封面。笔者问他们，关于"鸟"和"鸟巢"，他们都知道些什么，然后填写在K的部分。

表31 《飞离鸟巢》KWL阅读表

已知K	想知W	新学L
鸟可以飞，也有不会飞的鸟。杜鹃鸟不会筑巢，只会偷别的鸟的巢。鸟也是从单细胞生物进化来的，跟人一样。鸟妈妈和小鸟都住在鸟巢里，鸟巢在树上。鸟一次会生很多蛋。		

第三步，先不着急开始阅读，而是问问孩子们，他们还想知道关于"鸟"和"鸟巢"的什么知识。以下是他们想要知道、但目前还不知道答案的问题。待会儿我们要带着这些问题去读书。当然，有些问题是书中没有的，但笔者会在读完之后告诉他们；如果是连笔者也不知道的答案，笔者也会查找资料后告诉他们。

表32 《飞离鸟巢》KWL阅读表

已知K	想知W	新学L
鸟可以飞，也有不会飞的鸟。杜鹃鸟不会筑巢，只会偷别的鸟的巢。鸟也是从单细胞生物进化来的，跟人一样。鸟妈妈和小鸟都住在鸟巢里，鸟巢在树上。鸟一次会生很多蛋。	鸟巢是用什么做的？鸟在冬天会生宝宝吗？鸟巢在树枝上为什么不会掉下去？鸟只吃虫子吗？吃不吃我爱吃的虾饺呢？	

第四步，带着这样的问题，我们开始阅读这本书，读完之后，我们一起总结了从《飞离鸟巢》里得到的新知识，填写完成！果然，孩子们通过此次阅读获得了很多新知识。

表 33　《飞离鸟巢》KWL 阅读表

已知 K	想知 W	新学 L
鸟可以飞，也有不会飞的鸟。 杜鹃鸟不会筑巢，只会偷别的鸟的巢。 鸟也是从单细胞生物进化来的，跟人一样。 鸟妈妈和小鸟都住在鸟巢里，鸟巢在树上。 鸟一次会生很多蛋。	鸟巢是用什么做的？ 鸟在冬天会生宝宝吗？ 鸟巢在树枝上为什么不会掉下去？ 鸟只吃虫子吗？吃不吃我爱吃的虾饺呢？	鸟巢是用树枝、干草、泥土做的，其中主要是泥土。 鸟会迁徙：冬天飞去南方，春天飞回北方。 知更鸟的蛋是蓝色的。 鸟宝宝要在鸟巢里待 4 个星期才能出巢飞行。 鸟最爱吃蠕虫。

至此，一个完整的 KWL 阅读表就做完了，通过这张表，孩子们的记忆力、科学提问能力和概括总结的能力完全被调动了起来，还扩充了知识储备，笔者也对他们的"鸟类"知识有了一个清晰的了解。

这个方法最大的好处在于，它特别简单，只有简单的四步：绘制表格、填写 K，填写 W，填写 L。只要使用一次，就永远不会忘记。

如果是年龄稍大的孩子，我们也可以鼓励他自己组织语言，有逻辑地完整表达自己的 KWL 阅读表。

读完这一小节，你可以给孩子布置一个简单的小作业：

（1）找一本合适的绘本或童书，用以上的方式让孩子独立做一个 KWL 阅读表。

（2）录制孩子的 KWL 阅读过程，或拍下你们填完的 KWL 表，分享给其他的家长和老师！

答疑篇

一、父母读写水平一般，如何辅助孩子进行读写训练

其实，辅导小学阶段的孩子父母并不需要太高的读写水平。这是因为，小学阶段的学习内容相对简单，而且我们家长需要扮演的往往是"陪伴者"的角色，而不是导师的角色。想清楚了这一点，就不需要把太多的责任揽在自己身上，也不需要太过自责。

作为"陪伴者"我们可以这样做：

多和其他家长交流，了解其他家长都在做什么，虚心请教；一定要多给孩子买书，也要了解孩子正在读什么书，或者坚持找时间跟孩子一起读书；给孩子制定一个读写规划，让孩子参考读写规划来进行阅读和写作训练；多跟老师沟通，了解孩子的学习情况；最后就是根据家中的具体情况，参照本书的实践方法进行陪学。

始终记住，最简单的家庭教育就是陪伴。

二、孩子课外时间有限，如何进行读写训练

　　小学生的学业负担越来越重，他们的忙碌可想而知，因此时间也是非常有限的。但实际上，孩子的很多时间都被浪费掉了，比如吃饭拖拖拉拉、看电视节目、写作业时发呆等。因此笔者建议大家把孩子一周内的所有时间分配都记下来，看看哪些时间安排不够好，哪里的时间利用不够充分，然后制定一个科学的作息规划。

　　然后就是帮助孩子找到他自己最高效的学习时间段。比如，有的孩子最高效的学习时段是放学后晚饭前，有的孩子则是在晚饭后才能专心写作业。你可以让孩子每个时间段都尝试一下，然后观察孩子在哪个时间段效率最高，再逐渐固定下来。

　　高年级的孩子，可以尝试使用计时工具，以帮助自己专心下来。

　　最后就是排除干扰，给孩子一个安静的读书环境。

三、如何在有限的时间内平衡阅读和写作

如果你觉得孩子读得太多，写得太少，就需要帮助孩子对阅读和写作进行平衡了。比如，假如每天读写的时间是1个小时，但孩子的阅读时间是55分钟，只有5分钟时间在写作，那么这就是极不平衡的读写规划了。

笔者建议，在1个小时内，6—10岁的孩子阅读时间为45—50分钟，写作时间为10—15分钟；10—12岁孩子阅读时间为35—45分钟，写作时间为15—25分钟。

可以减少同类型书籍的阅读，把时间留给写作。

四、孩子读写发展期，父母容易忽略的问题有哪些

在孩子的读写发展期，父母容易忽略的问题有：

1. 跟孩子沟通不足

6—10岁阶段的孩子正处于读写能力培养的关键时期，但很多父母往往跟孩子沟通不足，因此并没有很好地了解孩子的读写能力，也未能在家对孩子进行科学的指导。很多父母往往认为上学之后，孩子的阅读和写作学习就可以完全交给老师了。虽然老师的课堂教学当然是孩子早期读写能力培养的关键，但课后的复习、丰富的生活体验，以及课外读写培养才是支撑孩子阅读与写作学习进步的基础。

如果跟孩子沟通不足，父母就无法充分了解孩子的兴趣，不能很好地带孩子拓展他们的兴趣。比如，如果父母了解到孩子对宇宙科学特别感兴趣，就可以经常给孩子买相关的书籍，找机会带孩子去航天博物馆，或者在周末跟孩子一起看关于宇宙的纪录片。这种潜移默化的支持和引导对孩子是特别有益的。

另外，孩子在学校里学到了什么，也是父母最应该关注的重点。这不

仅仅是知道老师教了什么知识那么简单，要了解孩子学习的方方面面：老师是怎么教的？学习的时候有什么困难？哪部分是孩子最喜欢的？孩子跟同学相比，学习上的优势和劣势是什么？等等。如果不跟孩子沟通，就不会了解孩子学习的细节，也就无法在家里帮助孩子了。

2. 孩子读书不足

读书不足，不仅仅是很多学龄前孩子的问题，也是很多小学生的问题。语文是必修课，因此课本一定是孩子必读的内容。但是，课本仅仅是以"教授知识、语法、阅读技能"为目的，里面的文章都是需要精读的文章，因此不但量太小，种类也比较单一。如果不进行拓展阅读，孩子的知识面和词汇量都会非常狭窄；而且，课外阅读中，孩子可以根据自己的兴趣自由选择不同的书本，他们的阅读量和阅读速度都会提高，反之则不然。

3. 没有让孩子充分锻炼动手和动脑能力

笔者在跟很多孩子接触的过程中（包括设计大语文课程大纲、对孩子做采访以进行学术研究等），发现很多孩子的动手和动脑能力还是比较差的。比如，在设计一些大语文教学环节时，笔者会设计一些孩子需要动手画思维导图的环节，但很多孩子无从下手，只能被动机械地看老师演示；有时笔者会设计一些同学之间的讨论互动环节，但很多孩子无法开展讨论。

在采访家长和观察家庭互动环境的过程中，笔者发现很多家长忽略了让孩子自己锻炼手脑的重要性。如果孩子能自己锻炼手脑，孩子的学习接受能力就会发展得非常快；如果孩子只是机械接受，比如家长只顾着一股脑地给孩子讲故事但不讨论、只给孩子刷题但不让孩子思考、只给孩子看演示但不让孩子亲手操作，孩子是无法真正学会知识的。

长期下来，孩子只会成为知识的被动接受者，时间一长，孩子就会很快忘掉知识了。

4. 口头表达机会不多

口头表达真的是太重要了。北美的基础教育有一点是笔者非常欣赏的，就是从学前班开始到小学阶段，老师都会让每个孩子去做"展示与讲解"。老师会规划每个月的主题，比如"讲讲我的毛绒玩具"，让孩子提前在家准备。老师会告诉家长们可以用"5W1H"法引导孩子："我的毛绒玩具叫什么名字？""谁送给我的？""我为什么喜欢它？"等。轮到麦麦去做展示的那一天，他会把自己的毛绒熊拿到教室，坐在教室中间的一张椅子上，其他孩子盘腿坐成一圈围着他，麦麦讲时，老师负责帮助他提词，鼓励他慢慢说；其他孩子会在麦麦讲完之后鼓掌，并举手提出问题。

这样的训练每个月都会有，孩子们会在小学阶段完全熟悉口头演讲的规则和方法，也会越来越自信。北美的高中和大学课堂上，几乎都是各种各样的口头讨论和小演讲，这种从小进行的训练对高中和大学学习，乃至步入社会后的工作都非常有益。

但是，国内的教学大纲中，并没有口头展示这一项要求，因此家长们可能也不够重视。比如笔者在观摩大语文课堂的时候，就会发现很多孩子完全不知道如何当众口头表达，不是磕磕巴巴就是声音太小，不是言之无物就是毫无重点。这些问题，一般都要经过很长时间的刻意训练才能得到解决。

5. 忽略了真实语料阅读

阅读，真的不仅仅是读绘本、读童话书、读科普读物。实际上，阅读存在于生活的方方面面：当你坐公交车的时候，你要阅读站牌信息；当你点菜的时候，你要阅读菜单；当你买了一辆新的滑板车，你要阅读组装说明书；等等。这些真实语料的阅读，解决的是生活中的实际问题，非常有益。

然而，绝大多数家长恰恰忽视了这样的阅读。诚然，阅读文学作品和科普读物是非常重要的，但我们在生活中也可以培养孩子的真实语料阅读能力，因为这种能力是可以直接解决生活中的实际问题的。

6. 自由写作与绘画的机会少

上小学之后，孩子们的自由时间真的太少了：要上课、要上培训班、要写作业、要体育锻炼，可能还要进行实地考察，忙得不亦乐乎。

因此，自由写作和绘画这种比较费时间、又一时半会儿不会有成效的活动往往会排在后面，或者以上写作班和绘画班来替代。其实，写作班和绘画班固然重要，但也要以孩子的兴趣为前提，不能剥夺孩子自由写东西、画画的时间。

画画对孩子来说，是外部世界的心灵映射：孩子看到什么，就会画什么；孩子感受到了什么，就会画什么。因此，一个爱画画的孩子一定是非常热爱生活的孩子。比如，每次麦、圈认真画画的时候，都是他们最解压的时候，也是培养他们专注力的好时机。写作也一样，不管孩子能写什么，我们都不应该剥夺他"写"的自由和时间，因为这是他和世界沟通、表达自我的最直接的方式。

7. 没有给孩子进行充分的思维和语言锻炼

思维到底是什么？语言到底是什么？其实，思维和语言从来都是不可分割的。

"思维"，指的是大脑的思考过程，一般由低级到高级包含记忆、理解、应用、分析、评价、创造这六种类型。语言中的"思维"，指的是通过书面文字或口头语句表达出来的大脑思考过程。只有通过语言表达出来的思维，才能被他人理解，才能实现跟他人进行交流的目的。因此，语言中的"思维"是交换信息、获取知识的核心基础。

那么，语言和思维的关系具体是什么呢？一般来说，语言和思维有这样两个核心关系：

语言是思维的工具，思维是语言的本质。如果说语言是外在的身体，那么思维就是内在的灵魂。没有语言，思维无法被人得知，无法与他人建立联系；而没有思维，语言就如同行尸走肉，支离破碎毫无价值。因此，语言和思维相互依存，共同发展，谁也离不开谁。

语言和思维相互适应，同步发展。思维水平高的民族，语言水平一定很高，比如我们中华民族。中华民族在上下五千年的历史中产生了数不清的思想家，而我们的汉语同样博大精深。当我们的社会发展进步的时候，自然需要产生相应的思维能力去应对这样的社交场合；而高级思维能力的产生，一定伴随着高级的书面词汇、口头逻辑表达能力和复杂句法能力。

总之，语言和思维的关系有这样两层含义：（1）语言和思维谁也离不开谁；（2）语言和思维同步发展。

遗憾的是，很多家长依然认为思维训练是高中和大学才需要的，小学生只需要学好课堂知识就行了，语言更是无须培养。

正是这些错误的认知，让很多孩子在10岁左右就拉开了差距。

五、父母错过孩子的读写发展期怎么办

很多家长会因为各种各样的问题，而错过孩子6—10岁的读写发展期。在孩子的读写稳定期，我们会根据问题为大家一一介绍对应的弥补办法，这些弥补办法操作性很强，容易上手。因此不用担心，让我们来一一击破吧！

（一）沟通方面：比一般推荐输入量要更多、以质量为首位、同龄沟通

1. 建议家长们多跟孩子说话

在孩子上学路上、放学回家后、入睡前找一些碎片时间，多跟孩子交流对话。比如在接孩子放学的路上，在车里跟孩子讲讲他你一天的见闻，也让孩子给你讲讲在学校的见闻；吃完晚饭后，少玩一会儿手机，少刷一会儿小视频，多给亲子沟通留出一些时间。这些对话完全不需要提前准备，想说什么就说什么，让孩子在轻松自在的家庭环境中多多说话。

2. 提高与孩子对话的质量

这个年龄段的孩子已经有自己的价值观了，他们往往对事物已经有了逻辑分析和理性的看法，因此不妨把话语权交给孩子，让他们对新闻和社会现象多说说自己的看法，并且鼓励他们给出充分的理由。

3. 让孩子和同龄人沟通

小学高年级的孩子非常需要朋友间的沟通，这种沟通不仅仅是学校里的沟通交流，而且是类似"发小"的情感沟通。有研究表明，同龄人之间的沟通会对孩子的语言和学习能力有显著影响。在社区里有稳定童年伙伴的孩子，自信心、认知力和未来的学业预期都比没有稳定童年伙伴的孩子要高出许多。记得我们小的时候，都是跟同社区的小伙伴结伴放学回家，不是我去你家写作业，就是你来我家吃晚饭，因此感情也特别好。现如今大家都离得比较远，很多孩子一放学就没有了玩耍的伙伴，少了很多情感沟通的机会。因此建议家长能在周末的时候多和其他家长一起组织孩子们玩耍约会，这样会使孩子的语言能力、社交能力显著上升。

（二）拓展读书方面：严格制定读书规划

如果要了解自己的读书情况，建议家长们给孩子们制定读书规划。这个期限可以是一个月，可以是一个学期，也可以是一年。

以一学期为例，我们可以制定一个这样的读书规划：

这样一学期过去之后，孩子读了什么书，没读什么书一目了然。同时也因为有了读书规划，家长和孩子在完成目标的时候会更加积极主动，而不是漫无目的了。

表34　读书规划表

本学期要读的书	类目	预计完成时间	实际完成时间
1	虚构类	2周	
2	虚构类	2周	
3	非虚构类	3周	
4	非虚构类	3周	

（三）手脑方面

首先要给孩子创造一个好的写作环境，例如给孩子布置一个温馨而功能齐全的写作区域，让孩子有创作的欲望。其次建议大家可以去网上买一些思维导图的练习册，让孩子学会为读过的书画思维导图。最后就是经常跟孩子在家进行一些小讨论，比如你和孩子可以同读一篇文章和一本书，然后讨论。

（四）口头表达

在日常生活中，家长们可以制定一个口头表达的家庭策略，比如每周给孩子一个主题，让他在家里进行一个"展示与讲解"的小锻炼，或者让他跟自己进行一个简单的小辩论，以此来锻炼口才。

另外，也可以让孩子参加比较系统的口才和思维表达课程。笔者在做口才和思维表达课程的时候，发现很多孩子的表现会在学习三个月后迅速提升，非常有效。

（五）真实语料方面

前文中已经提到过如何使用真实语料帮孩子补充阅读材料，在此不再赘述。

（六）写作与绘画

自由的写作与绘画不需要太多的条条框框，只需每天给孩子一些时间，鼓励他去随意写写画画。这个时候，家长不要在旁边督促，也不要打扰，给孩子一个安静的空间和一段自由的时间（没有作业、没有训斥、没有功利心）就足够了。

如果哪天孩子不想写，也不想画，也不要催促孩子，等以后他想写想画的时候，再继续就可以了。真正热爱的事，是无须督促的。

（七）思维锻炼：夯实理解基础

我们可以着重锻炼孩子四个方面的思维。

1. 言之有物，即语言里有真材实料

思维也就是头脑中的内容。只有学习了思维，才能知道哪些内容该说，哪些内容值得说，哪些内容说出来不跑题。我们要让孩子多读书、多体验、多思考，孩子才能言之有物。

2. 言之有理，即语言让人信服

良好的思维让人的语言逻辑清晰严密，论证过程有理有据。我们要细心观察孩子在日常生活中的观点表达，一旦发现孩子表达了一些自己独到的观点，就请孩子给出理由和例子，久而久之，孩子就能自然而然地说出

让人信服的观点了。

3. 言之有序，即语言顺序合理

没有逻辑地乱说一通，往往让人摸不着头脑；反之，学会思维的孩子，一定知道表达要有逻辑顺序，这样才能让人听明白。在孩子表达的时候，鼓励孩子使用"第一，第二，第三""首先，其次，最后"这样的连接词。

4. 言之有情，即语言可以打动人

思维不仅仅是逻辑和创造，还是关怀。一个有高情商、同理心的孩子，在语言表达中可以让更多人感同身受，会达到最佳的社交效果。这一点需要家长和老师潜移默化地引导。

六、孩子读写稳定期，父母容易忽略的问题有哪些

在孩子读写稳定期，父母经常忽略的问题有：

1. 阅读量足够，但思考不够

很多孩子在读书时全盘接受作者的观点，不求甚解。读了很多书，可是没有自己的观点，也无法对书中的观点进行分析，不会根据书的内容进行一些创意活动，也学不到作者的写作手法。看似读了很多书，实际上读100本等于读了1本。

2. 写作种类单一

这一时期的孩子往往写作种类单一。比如学校的写作作业，通常让写描写类、故事类居多，或者随笔类较多，对写议论文的训练非常少；另外，很多孩子的文章内容没有真情实感，虽然辞藻华丽，但是没有内容。

3. 孩子的思维方面，只注重数学思维，忽视了语言思维

一说到思维能力，家长往往都会跟数学思维挂上钩。其实，思维能力不仅仅指数学思维，也包括了语言思维。

诚然，数学思维从本质上是一种非常严密的逻辑思维，它有三个要

求：准确性（概念和公式都没有歧义），逻辑性（如：数学算式的推导过程），简洁性（用最简单的符号代表意义）。然而，语言思维却包含了发散思维（如：词语接龙游戏）、创造思维（作家创作一个故事）、形象思维（描述记忆中的事物）等。语言思维不一定像数学思维一样，那么严密，它也不需要那么严密。

因此，很多孩子这一阶段的数学思维很好，语言思维却一般。殊不知语言思维才贯穿在每一科科目当中，贯穿在生活的方方面面，体现了孩子的深层思维能力。

七、家长错过孩子的读写稳定期怎么办

错过孩子的读定稳定期，父母可以在12—14岁阶段，这样做来弥补以上不足。

（一）思辨阅读方面

1. 我们要鼓励孩子多了解不同的观点，对比不同的文章观点，从而得出自己的判断

比如，当社会上出现热点新闻事件的时候，可以让孩子读一读不同媒体的看法；当孩子喜欢同一个主题的文章时，可以让孩子了解不同作家在这个主题上的文章和观点。这种训练能让孩子明白事实和观点的区别，让孩子知道人可以发表自己独到的观点，而不是人云亦云。

2. 我们可以鼓励孩子用另一种方式把读过的文章改写出来

比如，当孩子读完一篇《小鸟迁徙》的科普短文后，我们可以让孩子尝试写一篇小故事，故事的主人公就是一只迁徙的小鸟，故事的内容可以是关于迁徙过程中的困难和磨难等等。或者我们可以让孩子续写故事、用

诗歌的方式改写一篇课文等等。

3. 多给孩子进行精读训练

关于精读训练的方法，见前文。

（二）丰富写作方面

见前文的写作训练部分。

（三）思维方面

对儿童的思维训练，我们可以集中在三个方面：明辨性思维、创造性思维和关怀性思维。

见前文的思维训练部分。

附　录

6—10岁虚构类书籍推荐

《不一样的卡梅拉》	《皮皮鲁和鲁西西》
《彼得兔的故事》	《爱丽丝仙境历险记》
《没头脑和不高兴》	《中华成语故事》
《小布头奇遇记》	《汤姆索亚历险记》
《写给儿童的二十四节气故事》	《绿山墙的安妮》
《父与子全集》	《借东西的小人》
《美猴王系列丛书》	《女巫》
《獾的礼物》	《大侦探小卡莱》
《中国传统节日故事》	《丁丁历险记》
《我的小姐姐克拉拉》	《哈利波特》
《中国历史故事集》	《爱的教育》
《了不起的狐狸爸爸》	《窗边的小豆豆》
《魔法手指》	《尼尔斯骑鹅历险记》
《中国当代童话名家自选集》	《戴小桥全传》
《狮子、女巫、和魔法橱》	《小屁孩日记》
《舒克和贝塔历险记》	《绿野仙踪》
《一千零一夜》	《世说新语》
《秘密花园》	《长袜子皮皮》
《故宫里的大怪兽》	《我是白痴》
《木偶奇遇记》	《儿童版大侦探福尔摩斯》
《我们的神话》	《海底两万里》
《阿凡提的故事》	《陪孩子读诗》（北岛）
《夏洛的网》	《查理与巧克力工厂》
《怪老头儿》	《小橘灯》

6—10岁非虚构类书籍推荐

《书写小史》	《100个科学家的故事》
《DK儿童自然探索百科》	《我们的宋词》
《DK奇妙动物大百科》	《元曲300首》
《中国名画跳出来的中国故事》	《疯狂科学》
《神奇校车》	《康德比我强在哪儿》
《这里是故宫》	《交通简史》
《给孩子讲中国历史》	《DK智力训练手册》
《这个历史太有趣》	《互联网是什么》
《DK放我出去》	《法布尔昆虫记》
《物种起源》	《DK儿童艺术百科全书》
《名人传记》	《可怕的科学》
《美国国家地理少儿百科》	《野鸟观察指南》
《DK超级建筑》	《微生物的秘密战争》
《DK古文明大百科》	《科学超入门》
《漫画宇宙简史》	《自然图鉴》
《10岁开始的经济学》	《伟大的世界奇迹》
《不知道的世界》	《DK儿童海洋百科》
《我们的身体》	《Usborne揭秘美术》
《小牛顿实验室》	《如果你住在这里》
《它们是怎么来的》	《地球今天也很忙》
《爸爸可能不知道》	《森林报》
《奇异的人体》	《万物运转的秘密》
《基因大冒险》	《气候是如何运转的》
《Usborne揭秘知识》	《我们的琴棋书画》
《诗意记录三部曲》	《我们的姓氏》

10—12岁推荐童书

《穿条纹睡衣的男孩》	《万物简史》
《最后的獒王》	《人类简史》
《霍比特人》	《101件事儿：我怎么没想到》
《草房子》	《什么是什么》
《战马》	《西顿动物记》
《格列佛游记》	《汪星人与喵星人》
《漫画史记》	《论语》青少版
《三国演义》	《瞧！这些病》
《哈克贝里费恩历险记》	《图说小国学》
《永远讲不完的故事》	《博物馆里的中国》
《老人与海》	《DADA全球艺术启蒙系列》
《城南旧事》	《DK经济学百科》
《梅格时空大冒险》	《可怕的科学》
《我的老师是侦探》	《少年商学院》
《装在口袋里的爸爸》	《霍格沃茨图书馆》
《凯叔西游记》	《46亿年的奇迹：地球简史》
《小学生名家文学读本》	《有趣的数学旅行》
《郑渊洁经典童话》	《身边的科学》
《刘慈欣少儿科幻系列》	《学霸笔记》
《海贝卡的小剧场》	《建筑的故事》
《少年读史·小史记》	《希利尔讲世界史》
《希利尔讲世界地理》	《希利尔讲艺术史》

6-12岁
读写能力标准

10–12 岁

写作		
	文本撰写	◆ 能够写出适合任务要求和读者需求的文章，语言清晰流畅 ◆ 在大人和同学的帮助下，会撰写文章大纲、修改文章、重写文章，学会尝试新的思路和手法 ◆ 在大人的帮助下，会使用各种科技产品（包括互联网）来撰写文章、发表文章，并与他人沟通和合作；可以使用键盘打字，撰写至少两页纸的文章
	研究能力	◆ 能通过对同一主题不同方面的调查和学习知识，撰写较短的研究报告 ◆ 能通过纸质资料和电子资源收集相关信息；能够做笔记、给信息分类，并提供信息来源清单（比如：撰写文章的参考资料） ◆ 能够通过从文学文本和信息类文本中获取的知识支撑写作中的分析、思考和研究
	任务能力	◆ 能够制订写作计划，在一段时间内按给定的写作计划完成任务（比如：给定研究时间和文章的修改时间） ◆ 能够在较短的时间内（比如：如写作随堂测验）完成写作
	基础能力	◆ 在写作和说话时，能运用标准的中文语法来表达；知道连词、代词和感叹词的用法 ◆ 能运用正确的中文标点符号，不写错别字 ◆ 听说读写时，能运用中文的知识和规则 （1）能够根据意思、读者/听众的兴趣、场合风格调整句子、拓展句意、精简语言，提高/降低难度 （2）能够比较和区别故事、戏剧、诗歌里的中文变体（比如：方言、语域等） （3）能根据自己作文中的角色和人物特点设计人物的语言表达方式 ◆ 在理解整体文章含义的基础上，能通过各种策略推测生词的意思，并确定多义词的含义 （1）能通过背景信息（因果关系、对比），推测句子中某个生词的含义 （2）会使用纸质和电子词典来确认自己词语的运用是否准确，或推测词语的精确用法 ◆ 能够理解修辞语言、词语关系和词语的微妙含义 （1）能解释简单的明喻和暗喻的意思（比如：像一幅画一样） （2）能掌握并解释习语、格言、谚语的意思 （3）能利用特别词语之间的关系（比如：近义词、反义词、多义词）来理解词语含义 ◆ 能掌握并运用一般学术领域和特定学术领域的关系词（比如：然而、虽然、不过、同样地、此外等）

阅读	感情把握	• 揣摩文章的表达顺序；体会作者的思想感情；领悟文章的表现手法
	评价能力	• 会提出和文章不同的看法；会对文章进行思考、提问、质疑、评价；把握诗歌大意 • 能够根据细节，对故事和戏剧中的两个或多个人物、情节和事件进行对比 • 能够分析视觉和多媒体元素对文章主旨、基调的作用（比如：绘画小说、电子版故事等） • 能够对同一个体裁的不同故事进行比较（比如：悬疑小说、探险小说）
	分析能力	• 能感知古诗文的语调、韵律、节奏 • 可以根据文章内容清楚明白地解释文章和引用文章 • 能够根据内容确定故事、戏剧、诗歌的主题；可以简练而准确地总结文章主旨 • 能够找出一篇文章中至少两个或多个主要论点，以及论点的支撑方式；能够言简意赅地总结文章 • 能基于文章细节，解释历史、科学和技术文章中两个或多个人物、事件、观点或概念之间的关系和联系 • 能够分析不同文章和作者对同一事件和话题的解释，能够指出这些观点之间的相同点和不同点
	综合能力	• 能够从多种纸质媒体和电子资源中找到信息，快速解决问题 • 能够解释作者如何利用理由和证据来支撑文中的观点，并能够确定哪部分的理由和证据在支撑哪部分的观点 • 能够将同一主题的两个文本信息综合起来，运用到自己对该主题的写作和口语表达中
写作	写作类型	• 能写纪实作文；能写想象作文；会写首尾呼应、观点连贯清晰的应用文；会查找资料写简单的研究报告；简单尝试写出一本书的大纲 • 能够写出观点类文章，能够用理由和事实支撑观点，包括：介绍自己要写的主题和文章，表达观点，列出文章中表达理由的结构；为自己的观点提供有逻辑的、以事实和细节为依据的理由；会使用连接词（比如：然后、特别是）、短语和句子来连接观点和理由；会写出跟主题和主要信息相关的总结段 • 能够写出信息类/解释类文本，能够清楚地表达观点和信息，包括：清楚地介绍主题，提供整体的思路，将相关信息在段落和章节中分类，用格式（比如：标题）、图表和多媒体来辅助；用事实、定义、足够的细节、引用、例子来发展主题；使用连接词（比如：但是；一方面，另一方面；与此相反的是）来连接对比信息；用精确的语言和主题词汇来写作；写出与主题和中心思想相关的总结段
	写作技巧	• 学会分段式写作；书写速度加快；会运用正确的连接词来使文章的内部连贯；能就较深刻的主题进行限时写作，先列举大纲，然后扩充为完整篇章 • 能够运用写作技巧、描述性的细节和清晰的事件顺序来撰写真实或虚构类的记叙文，包括：描述情景、介绍叙述者和角色、流畅地描述事件的顺序；用对话、描述、节奏来描写经历和事件，或表现角色和情景；用丰富的过渡词来描述事件的顺序；用感官词汇和句式来精准表达经历和事件；能够通过对事件的描述和发展写出总结段落

6-7 岁

读写意识萌芽；建立阅读兴趣；
大量信息输入；初步建立写作意识

口才		
	发音能力	◆ 能口齿清晰地表达自己
	背诵能力	◆ 能熟练背诵古诗、儿歌
	表演能力	◆ 能表演出简单的动物形象
	创意能力	◆ 能大胆续编古诗，表达出完整的句子或简单的故事情节
	情绪能力	◆ 能大胆自信地表述自己的情绪
	交际能力	◆ 根据说者的内容准确流利地做出应答

阅读		
	阅读意识	◆ 对生活中的汉字有识别意识和兴趣
	阅读能力	◆ 能阅读浅显的儿歌、古诗、童话
	阅读技巧	◆ 能区分简单的形近词
	阅读兴趣	◆ 愿意阅读不同主题的绘本和童书，并展现出多样的兴趣；能主动提出问题并进行思考
	阅读习惯	◆ 能保持每天阅读的习惯
	识字能力	◆ 能认识部分独体字和部分合体字

写作		
	写作意识	◆ 知道文章是由作者写的
	写作技巧	◆ 掌握人物、景物的描写技巧；学会形容词的简单用法
	写作类别	◆ 会将句子拓展成简单的叙事、议论段落，有初步的标点符号意识
	句子构建	◆ 学会创作简单的完整句子
	创意技巧	◆ 能进行简单的涂鸦写作

7-9岁

词汇拓深；句子创作；看图说话；看图写段；
夯实读写核心能力；培养良好读写习惯

口才	**朗读能力**	♦ 具有流利朗读能力；能区分人物的不同观点和性格，在朗读文中人物的话语时，会用不同的声音表示人物不同的性格
	复述能力	♦ 能复述故事和情节大意；能够复述听过的故事，包括各种文化中的寓言和故事；会描述故事中的角色是如何应对挑战和变化的
	概括能力	♦ 能依照图片完整地口述小故事；能够描述故事的整体结构，描述故事是如何发生的，又是如何结尾的
	词语运用	♦ 能运用成语；表达时能运用各种动词、形容词、名词；会用关键词比较同一个故事的两个版本的相同点和不同点
	讲述能力	♦ 能简要讲述自己的经历；能口头对一件物品或自己的作品进行介绍 ♦ 具有简单的口头概括能力；能用故事中的信息来表达自己对角色和情节的理解；能描述文本中一系列事件之间的关系、其中蕴含的道理和思想，或者一个流程中的步骤；能够解释文中的图片（比如：一张关于机器运行的图表），阐释文本的文字内容 ♦ 在讲述故事或自己的经历时，能运用合适的事实、相关的描述性细节，以及连贯的句子表述。当被要求提供细节和解释的时候，能运用完整的句子来表达
	交际能力	♦ 准确的情景对话能力；根据不同的对象，调整语气、语调、语言材料；在真实对话中，根据说者的内容准确流利地做出应答；能针对合适的主题和文本，与各种各样的大人和同龄人一起参与合作性谈话；在谈话中遵守规则（尊重他人，全神贯注地倾听他人的表达，每次说话不跑题）；在谈话中能针对他人的表达发表评论，并建立与自己的表达之间的联系；能够在谈话中要求他人提供更多的信息
阅读	**阅读技巧**	♦ 学会精读；能针对阅读材料，提出 5W1H 问题，同时能回答
	辅助技能	♦ 会用音序检字法查字典独立识字
	理解能力	♦ 会结合上下文分析生词意思；能积累常用成语并理解大意；能理解合适年龄段的文本中具体词汇和短语的意义 ♦ 能理解一篇多段落文章的主旨，也能理解一个单独段落的主旨；能确认文本的目的，包括作者想说什么、解释什么，或描述什么 ♦ 能了解并使用各种文本特点（题注、粗体、副标题、术语、索引、电子菜单、图标等）快速找到关键信息
	主题阅读	♦ 能读懂浅显的儿歌、童谣、古诗、童话
	阅读类型	♦ 能充分理解人物描写、景物描写

10-12 岁

结构立意；文章评价；文学鉴赏；综合训练；发掘探索问题潜能；训练高阶读写技巧

口才	表达能力	• 可以在准确表达的基础上，自信地表达 • 能够与不同交流对象进行不同形式的合作性讨论（一对一讨论、小组讨论、教师引导的讨论），在讨论中能够评论并拓展他人的观点，也能够清楚地表达自己的观点 (1) 能够为预定好的讨论做好准备，能够阅读并学习准备材料；能够在讨论过程中利用准备材料来表达观点，拓展对话 (2) 遵守讨论的规则，坚守自己既定的讨论角色（如果被提前分配好阐述某个方面的内容，则不可跑题） (3) 能够清楚地阐述信息来回答问题，并在话题范围内评论他人的观点，与自己的观点建立联系 (4) 能够复述并总结讨论中的关键信息
	逻辑能力	• 能够条理清晰地发表观点、讲故事或描述自己的经历，能够使用符合事实和相关细节的论点来支撑主要观点和主题 • 能够总结说话人的主要观点，并解释说话人如何用理由和事实支撑自己的观点
	探讨能力	• 学会用适当的语气语调与他人讨论问题
	应变能力	• 能做有准备的公开场合发言 / 有随机应变的思维口语能力
	描述能力	• 学会描述具体细节、流程、步骤 • 能够对文字信息进行口头复述或公开演说，能够以多媒体作为口头辅助 • 条理清晰地发表观点、讲故事或描述自己的经历，能够使用符合事实和相关细节的论点来支撑主要观点和主题
	辅助表现	• 表达清楚明白；语速适中；音量合适（一对一讨论为 1 级音量，小组讨论为 3 级音量；当堂发言为 5 级音量） • 在进行口头展示和介绍时，能用音频和视频来辅助表达自己的中心思想 • 能够在不同场合运用不同的语言方式来表达自己（比如：正式场合使用正式语言，非正式的小组讨论使用非正式语言）
阅读	阅读技巧	• 学会精读、略读、浏览不同主题和体裁的文章与材料；默读速度加快，相同时间阅读总量提升 • 能够理解一般科普文章和特定专业科普文章中词语和短语的意思 • 能区分和比较两个或多个文章中的事件、观点、概念、信息的整体结构（比如：时间线、对比、因果、问题 / 解决等）

9—10 岁

写作	计划能力	◆ 能够制订写作计划，在一段时间内按给定的写作计划完成任务（比如：给定研究时间和文章的修改时间） ◆ 也能够在较短的时间内（比如：写作随堂测验）完成写作任务
	修改能力	◆ 掌握修改自己文章的技巧；掌握修改文章的步骤；能和同学相互批改作文中不通顺的语句、不好理解的地方、错别字和标点符号；有修改习作的习惯和能力 ◆ 在大人和同学的帮助下，会撰写文章大纲和修改文章 ◆ 在大人的帮助下，会使用各种科技产品（包括互联网）来撰写文章、发表文章，并与他人沟通和合作；可以使用键盘打字，撰写至少一页纸的文章
	创新能力	◆ 会在习作中创造性地运用平时积累的语言材料 ◆ 通过对同一主题不同方面的调查和学习知识，撰写较短的研究报告 ◆ 能通过纸质资料和电子资源收集相关信息；能够做笔记、给信息分类并提供信息来源清单（比如：撰写文章的参考资料） ◆ 能够通过从文学文本和信息类文本中获取的知识支撑写作中的分析、思考和研究

写作	词汇能力	◆ 能理解词语之间的关系和词语的微妙含义；能区别近义动词（比如：投、扔）和近义形容词（比如：瘦、苗条、骨瘦如柴）；能运用多义词的不同意思；能灵活运用词语的不同固定搭配；会使用集合名词（比如：组、队伍）；能运用交谈和阅读中获得的词汇和短语知识，包括使用形容词和副词来进行描述（比如：当其他孩子开心的时候，我也很开心。） ◆ 能通过句子的整体含义推测句子中某个生词的含义；能通过单个字的意思推测集合词的意思（比如：书架、房车、笔记本） ◆ 能运用正确的中文标点符号，尽量不写错别字；会使用纸质或电子字典来检查自己写的词语
	句子构建	◆ 会创作完整的句子，并尽量使其生动有趣；会将简单句扩充为复杂句
	写作技巧	◆ 掌握人物、静物描写技巧，会从多维度进行描写；掌握图画写作技巧；掌握简单的景物描写技巧，会运用合适且生动的形容词；会把一个简单句拓展为一个复杂句
	创意技巧	◆ 会写出想象中的事物；能看图编写简单的一段话或对话
	写作类型	◆ 能写出简单的日记

9-10 岁

篇章创作；事实判断；观点表达；语言修辞；
广泛涉猎中外文化；进行读写能力拓展

口才	朗读模仿	• 流利朗读 • 有感情地表演；模仿不同人物的语气讲话和对话
	应变能力	• 能够在不同场合运用不同的语言方式来表达自己（比如：在正式场合会使用正式语言，在非正式的小组讨论中会使用非正式语言）
	讨论能力	• 掌握基本沟通能力，学会倾听和提问 • 能够与不同交流对象进行不同形式的合作性讨论（一对一讨论、小组讨论、教师引导的讨论），在讨论中能够评论并拓展他人的观点，也能够清楚地表达自己的观点，包括： （1）能够为预定好的讨论做好准备，能够阅读并学习准备材料；能够在讨论过程中利用准备的材料来表达观点，拓展对话 （2）遵守讨论的规则，坚守自己既定的讨论角色（如果被提前分配好阐述某个方面的内容，则不可跑题） （3）能够清楚地阐述信息来回答问题，并在话题范围内评论他人的观点，与自己的观点建立联系 （4）能够复述讨论中的关键信息 • 在对话或讨论中，能够找出说话人对自己观点的支撑理由和证据
	讲述能力	• 可口头概括、复述叙事性作品的大意；能简要转述他人的想法和说话内容；在准确的基础上，力求生动表达；能够复述或描述朗读的文本或其他口头媒介中的关键信息，包括视觉信息、量化信息和口头信息
	表达能力	• 条理清晰地发表观点、讲故事或描述自己的经历，能够使用事实和相关的细节来支撑主要观点和主题；表达清楚明白；语速适中
	辅助能力	• 会运用合适的音质、音量、音调、情感态度来表达和对话；用准确的面部表情、手势、姿势传递信息；在表达中体现初步的交际修养 • 在进行口头展示和介绍时，能用音频和视频来辅助表达自己的中心思想

写作	**写作类型**	• 会写完整的记叙文；会写简短的书信；初步运用应用文进行交流；正确使用标点符号 • 能够写出观点类文章，能够用理由和事实支撑观点，包括：介绍自己要写的主题和文章，表达观点，列出文章中表达理由的结构；为自己的观点提供以事实和细节为依据的理由；会使用连接词（比如：因为、所以、既然、例如、为了、此外等）来连接观点和理由；会写出跟主题和主要信息相关的总结段 • 能够写出说明类文本，能够清楚地表达观点和信息，包括：清楚地介绍主题，将相关信息在段落和章节中分类，用格式（比如：标题）、图表和多媒体来辅助；用事实、定义、足够的细节、引用、例子来发展主题；使用连接词来连接同类信息（比如：也、此外、和、更多、但是）；用精确的语言和主题词来写作；写出与主题和中心思想相关的总结段
	写作技巧	• 会把给定的句子拓展为段落 • 能够运用写作技巧、描述性的细节和清晰的事件顺序来撰写真实或虚构类的记叙文，包括：描述情景、介绍叙述者和角色、流畅地描述事件的顺序；用对话和描述来描写经历和事件，或表现角色和情景；用丰富的过渡词来描述事件的顺序；用感官词汇和句式来精准表达经历和事件；能够通过对事件的描述和发展写出总结段落 • 能在文章中准确表达自己的观点；学会突出重点 • 能够写出符合任务要求和读者需求的文章，语言清晰流畅
	基础能力	• 在写作和说话时，能运用标准的中文语法来表达 （1）了解名词、代词、动词、形容词和副词的一般功能和在特定句子中的功能 （2）会使用抽象名词 （3）会创作简单句、合成句和复杂句 （4）能够正确使用容易用错的词语（比如：充值／冲值） • 能运用正确的中文标点符号，不写错别字 • 会使用字典来检查自己写的词语 • 听说读写时，能运用中文的知识和规则 （1）会比较中文的正式用法和非正式用法 （2）能用正确的标点符号来表达自己的思想感情 （3）能根据自己作文中的角色和人物特点设计人物的语言表达方式 • 在理解整体文章含义的基础上，能通过各种策略推测生词的意思，并确定多义词的含义 （1）能通过背景信息（比如：定义、例子、观点）推测句子中某个生词的含义 （2）会使用纸质和电子词典来确认自己词语的运用是否准确 • 能够理解修辞语言、词语关系和词语的微妙含义 （1）能解释简单的明喻和暗喻的意思（比如：像一幅画一样美） （2）能区别近义动词和近义形容词 • 能掌握并运用一般学术领域和特定学术领域的词汇短语（比如：在讨论保护动物时，会运用野生动物、濒危、保护区等词）；能掌握和运用行为、情感、状态词（比如：询问、抱怨、发牢骚、结结巴巴地说）

阅读	**阅读技巧**	• 会精读；会略读；会结合语境理解文本；能针对阅读材料，提出 5W1H 问题，也能回答，提问与回答均能对应文中的细节；能解释诗歌、戏剧、散文的主要区别 • 在写作和口语中，能够参考诗歌（韵律等）和戏剧（人物、情节、对话）的一些元素；能区分人物的不同观点和性格；能区别和比较不同故事的观点、第一人称叙述与第三人称叙述的区别；能够理解一般科普文章和特定专业科普文章中词语和短语的意思；能够区分作者的观点和自己的观点；能够对比一个事件和主题的一手数据（如：科学家对昆虫的观察日志）、二手数据（比如：一位学生对几个不同的观察日志的总结和评论），能够描述一手数据和二手数据的侧重点有何不同
	概括能力	• 能把握关键文章的关键词句；可阅读报刊中的新闻并掌握主题句和中心思想；能复述叙事性作品大意；会绘制故事流程图 • 能够复述听过的故事，包括各种文化中的寓言和故事，能够找出听过的故事的中心思想，告诉其中的道理或者它们的价值 • 能够根据细节，确定一个故事、戏剧、诗歌的主题；能够总结文章；会描述故事中的角色（他们的品质、动机、感受）如何应对挑战和变化，能够解释他们的行为和事件的关系；能依据文章或戏剧的细节深入描述角色、情节、事件（比如：角色的想法、语言、行为） • 能理解一篇多段落文章的主旨，解释关键细节对主旨的支撑作用；能够总结文章大意 • 能用时间概念、顺序概念和因果概念来描述文本中一系列事件之间的关系、其中蕴含的道理和思想，或者一个流程中的步骤。能够根据细节解释文本中发生的事件
	修辞知识	• 能够明白并掌握文章的修辞用法；能够确认文章中文字和短语的意思；能够区分修辞表达和非修辞表达
	辅助技能	• 能正确使用工具书；能辨析标点符号的复杂用法；能够利用信息类文本特点和搜索工具（比如：关键词、工具栏、超链接等）快速找到给定主题的相关信息；能够描述文章中的一个事件、想法、概念、信息的主要结构（顺序、对比、因果、问题／解决方法）
	综合能力	• 在大量阅读的过程中逐渐积累词句；能在故事或戏剧的书面形式、视觉形式（改编的电影／电视）和口头形式（当堂报告、口头讲述）之间建立联系，发现不同形式的故事所突出的重点；如果同一位作者写过相似的主角，能够比较和区分这两位主角所在的故事中的主题、情节、发展有何相似和不同；能够区分和比较不同文化中的文学作品对一些相似主题的描写（比如：好与坏的对立） • 能够用文中的图表（地图、照片等）和文字解释文中的关键信息（比如：地点、事件、原因和事件发生的方式）；能够解释文章中的非语言类信息（比如：图表、表格、时间线、卡通插图等），也能够解释这些信息与文章的联系和对文章的作用 • 能够描述特定语句和段落之间的逻辑联系（比如：对比、因果、顺序等）；能够解释作者如何利用理由和证据来支撑文中的观点 • 会比较针对同一主题的两个文本的相同点和不同点；能够将同一主题的两个文本信息综合起来，运用到自己对该主题的写作和口语表达中
	阅读类型	• 能养成读书看报的习惯；开始逐渐阅读科普短文；开始阅读较长的记叙文本和著作

Autonomous
Reading